民俗山西

杨茂林 主编

信仰民俗

许宏伟 马君 著

序

《左传·僖公二十八年》:“子犯曰:‘战也。战而捷,必得诸侯。若其不捷,表里山河,必无害也。’”

杜预　注:“晋国外河而内山。”

瞧这一片南北狭长的地带,地势由东北斜向西南逐渐下沉,里里外外分布着高山大河,几乎把山西全境给围了起来,造就了山西典型的黄土高原景致:一望无际覆盖的黄土,一览无余广布的山脉,几乎是山峦叠嶂、岭谷纵横,丘陵起伏、沟壑遍野,不乏险峻幽深,不缺粗犷雄秀,山色不同、神态各异,干旱少雨、四季分明。数千年来,我们的祖先一辈一辈生活在这里,自给自足,繁衍生息,同这块属于温带大陆性季风气候的土地相存相生相斗相融,把这里耕耘成了北方地区较为适合人类居住的地方。我一直认为,这个区域就是大自然的能量和人类的力量结合得最完美和最充分的地方之一。

一

东是巍峨雄伟的太行山脉,诸多名山从东北倾西南构成系列山地，恒山、句注山、五台山、系舟山、太行山、太岳山、王屋山、中条山呈“多”字形延展，雄浑壮阔、不同凡响，不仅是黄土高原的东界，而且是中国地形第二阶梯的东缘。这里地势险要，山高林密，河川交织，干旱少雨，山间存在着不少沉降盆地。上党盆地周边群山环绕，清漳河、浊漳河汇流此地，平畴绿野，嘉禾郁郁，涓涓细水，成河飞流，泽州盆地周围皆山，中部平坦，丹河、沁河流穿其间，森林茂密，水源富集，岩洞奇绝，瀑布垂练，都是一派自然天成、引人入胜的景色。其南端主要是中条山脉，其中历山北倚汾渭地堑，南临黄河谷地，山势陡峭、山丘众多，气候温暖、雨量充沛；中条山兀立于运城盆地和黄河谷地间，陡峰深谷、层峦叠翠，丛林荫蔽、草甸丰美，适宜人类繁衍生息。太行山脉是我们祖先最早出现的地区之一，早在180万年前，远古人类就开始在这里活动，历经旧石器和新石器时代，留下了人类起源和社会演进的诸多轨迹，如曾经在北部山麓地带狩猎为生的许家窑人，在中部东麓过着原始定居生活的磁山人，在南边过着刀耕火种采集狩猎群居生活的下川人，还有离我们更近的、已经步入青铜时代的东下冯人。是这片古老广袤厚实的土地，以及生活在其上的粗犷淳朴勤劳的先人，一起创造共享传承了丰富多彩、恢弘大气的中华文明的历史篇章。

西是覆盖深厚黄土的吕梁山脉，自东北向西南横亘着七峰山、洪涛山、管涔山、芦芽山、云中山、黑茶山、关帝山、紫荆山、龙门山等断块山地，宛如一条脊梁，中间隆起两边低延。从西坡看，吕梁山地向黄河谷地延伸，整体上东高西低，黄土广泛覆盖，受季风影响，气候干旱温暖，丘陵众多，墚峁成群，沟壑纵横，间有台垣盆地，地形支离破碎；从东坡看，黄土断续分布，山多坡广川少，气候湿润寒冷，有土石山区、黄土丘陵、沿川河谷，有高山峻岭、高山草甸、高山天池，也有寒温带针叶林、温带针阔叶混交林、暖温带阔叶林。吕梁山脉也是我们祖先较早活动的区域，从旧石器时代起就有人类生存，吉县柿子滩遗址有中国历史上最早的“火塘”遗迹，到新石器时代，人类活动更加频繁，成为沟通中原和西部地区交往的重要纽带。吕梁山是个很奇特的地方，自然条件恶劣、生存环境艰苦，但数千年来，我们的祖先与天斗、与地斗，开创了适合自身的生产生活方式，成就了代代相传、生生不息的人类传奇。

两山之间则是一连串狭长的台阶式下降的断陷盆地，由东北向西南依次延伸，大致连成一条飘动的走廊，土地平坦，聚水避风，流淌着多条非常重要的河流，省域内数百处石器时代人类文化遗址几乎全部分布在这些河流两岸的台地与山前丘陵地带上。大同盆地在省域北部，是北方之门户，边缘山地丘陵，留有多座火山，桑干河从中流过，两岸地势平坦宽广。至少约 2.8 万年前，在旧石器时代晚期，峙峪人就在这里繁衍生息。下来就是省境中部偏北的忻州盆地，有高山环绕，还有洪积平原发育的滹沱河上游谷地和地势平坦的忻定盆地。旧石器时代中期这里就出现了人类劳动，新石器时代更是广泛聚居着属于仰韶文化和龙山文化类型遗存的原始部落。太原盆地在省域中部，东西与山地相接，盆地由北东向南西延展，汾河中游穿过，土地宽阔肥沃。盆地边缘环绕着黄土台地和黄土丘陵，在仰韶时期就有人类活动，到了龙山时期，先人则出现在平原周边稍高的地方。往南过霍山口是临汾盆地，至侯马折向西，东西以大断层与山地相接，汾河下游穿经流入黄河，土壤肥沃，气候温暖。晚更新世早期的“丁村人”就在这里生活繁衍，过着采集狩猎的集体生活。作为山西新石器时代早期的枣园稼穑，就折射出先民早期的农业活动情况。陶寺文化更是标志了文明社会的到来，农耕成为养育先民的基本的生产生活方式。最后是运城盆地，省域西南部一个强烈的沉降盆地，盆地内多河湖堆积，涑水河由东北向西南流入黄河，四季分明、无霜期长。这里留存有很多旧石器时代至龙山文化晚期遗迹，是寻找夏文化源头的重要区域。

世界上很少有自然环境如此艰苦，人类的生命力又如此顽强生长、旺盛充沛的地方。我深切感到，这片土地非常慷慨，对一切已经发生、正在发生以及将要发生的都悉心收纳，从不推诿放弃，不会让任何劳动没了收获，至迟从180万年前开始，就以兼爱无私的博大胸怀，无怨无悔、不离不弃地养育了一代一代命运多舛、抗争不息、勤劳不怠、淳朴诚实的先民，留下了女娲造人、精卫填海、后羿射日、愚公移山等感人故事；而先民对自身价值的发现，对文明社会的探索，都来自身下这片土地，他们不断窥探自然的奥秘，挖掘生活的价值，调节社会的关系，忍耐痛苦的折磨，享受人生的快乐。凡此种种，经年累月，就在山西这样一个相对封闭的区域内，长出了富有特色的民俗文化，流出了含蓄而奔放、凄美而热烈的山西故事。我经常想，只有深刻了解了这片土地及其上的所生所长，人们才能进一步认识到，这个世界上多灾多难的古老民族，为何能一路走来、生生不息！

的确，自先民最早踏上这块土地，便在这里开拓自己、和纳他人。由于地理位置和特殊条件，农耕民族和游牧民族在这里持续对峙碰撞，不断有新民族迁入、有汉民族迁出，经常是大出大进，所以多民族在此杂居生活、交融文化，加之区域内各地环境差异较大，地理、水文、气候、物产、语言等多有不同，使得生产生活、居民性格、社会交往等各具特色，因此，这里的民俗文化自然也是多元生长、丰富多彩，形式有异、特点纷呈。事实上，山西民俗有中国北方汉民族的文化共性，也蕴含独特的地域风情，这是自然因素的影响，也是民族融合的特殊文化气质的渗透。从胡服骑射到文明新装、从穴居野处到晋商大院、从羊皮筏子到黄河大桥，都呈现出物质精神生活的演进以及生产生活方式的变化，透露了山西民俗所涉及的民族生活和繁衍的信息，以及带来的关于民族生存和发展的启示，使人更加深刻地感受了传统文化视野下山西区域的人与人、人与自然、人与社会的关系。特别是，虽然这里生存条件不是很好，有些地方还很恶劣，人们活得比较艰苦，但是他们始终追求美好的强烈愿望、敢为人先的奋斗精神、诚信守义的生活态度，确实都通过民俗文化及其背后故事生动地跃然纸上，令我们感慨不已。作为后人，我们要有敬畏，应该倍加珍惜！

二

山西民俗涉及人们的衣食住行以及信仰、禁忌等方方面面的内容，有显著的活态特点和十分广泛的群众基础。从理论上看，“民”一般指民间或百姓，“俗”则多指其生活习惯或方式所涉及生活的文化。葛剑雄先生认为，“俗”比较稳定，存在时间较长，影响范围较大，这样“俗”被越来越多的人接受，逐渐成了群体生活的重要部分。而钟敬文先生则认为，民俗既是一种历史文化传统，也是人民现实生活中的一个重要组成部分。我个人以为，“民俗”形成的本身就是一个动态过程，然而一经历史沉淀就会成为传统，在得到群体认同的过程中，也会在观念、信仰、准则、习惯、制度等方面得到反映。因此说，民俗具有深刻的文化意义，是传统文化的重要内容，是不同地区人们生活智慧文化的外在体现。在挖掘整理和深入研究中，我始终有个深刻感受，那就是山西民俗是一种活化的历史文化资源，是传统文化的基础或底蕴，会与不断变化的现实环境相结合衍生出新的形式和内容。而在历史和文明演进中，山西民俗作为传统文化，在民间已经外化为制度和规约，内化为观念和认知，不仅在过去，而且在当下，在百姓日常生活乃至国家社会治理方面都起着重要作用。

事实上，民俗虽然说的是百姓的事情，但是具有非常强烈的主体意识，与民族的生命活力及其延续本身密切相关，很容易实现身份认同，享有共同的生命观。从民俗元素中抽象出的传统文化，都具有原始环境的本真韵味，是原初的思想和根底的行为，凝聚了最基本的人类思想和情感要素。从山西民俗中，可以发现不同时代的人的思想和行为特质，可以从人们思想情感、生产生活中探寻那些流淌着的文化乡愁，那种与泥土青草、村落民居、山川河流同构的浓郁传统生活，通过人与人、人与物、人与天地之间的联系，来透视生长其中的信仰、情感、希望、乐观等。山西民俗反映了人类的生命力，以及人类在生生不息中摆脱不了的宿命。正如楼宇烈先生所认为的那样，生命是一代一代相延续的，父母子女、兄弟姐妹之间有血脉联系，彼此之间都是有责任、义务的。因此，从薪火相传意义上说，山西民俗在本质上就是一种代代延续、辈辈传承的责任或者义务。张岱年先生认为，中国传统文化有两个基本精神，一是“以人为本”，强调人的价值，表现人的自我认识和道德自觉心；一是“以和为贵”，强调人人和谐共进，表现人们的求同存异和多样性统一。山西民俗是特别讲求这些基本精神并以此为底色或本质的。

我国历史源远流长，多民族统一大国是两千年来的基本国情。任继愈先生认为，这个国情综合地显示着中华民族的思想文化、生活准则、宗教信仰、伦理规范、风俗习惯和政治制度。在他看来，观察中国历史、研究中国问题，都不能不以这个国情为出发点，又落脚到这个出发点。显然，任先生这段话主要是从形而上角度来思考的，但对我们深刻认识山西民俗文化有启示意义，因为多民族统一大国的两千多年的基本国情，同样是由悠久流长、多姿多彩的、与百姓生产生活如影随形的民俗文化显示的。换句话说，就是山西民俗文化能从多个角度、在多个层面反映着这一基本国情的思想、准则、信仰、伦理、习惯、制度的主要内容。所以，按照历史唯物主义的观点立场方法，对山西民俗进行文化意义上的梳理分析，更好展示其源流、概括其特点、阐释其价值、揭示其发展规律，对于进一步讲好中华文明、体现中华文明智慧力量，具有重要意义。

山西民俗需要守护和创新。楼宇烈先生说，传统就是我们的原创。这话很有道理。山西民俗作为这样一种原创性的重要传统文化，不能片面理解或者武断排斥，而要全方位记录好保存好，更要主动传承好弘扬好。在当下数据时代、智能社会背景下，在城市化迅猛发展进程中，山西民俗也要创新，以求更好生存发展，融入现代社会并发挥积极作用。因为，每种民俗都镌刻着传统文化内涵，流淌着民族精神价值，都会随着时代变迁而精进发展。今天，百年未有大变局与科技变革大趋势，为这种发展规定了方向和提供了条件。荀子有句话说得好，“循其旧法，择其善者而明用之”，意思是用其善并发扬光大，是发展的核心要义。我以为，其中最大的善，就是在发展中不断彰显人类的生命价值、拓宽人们的精神世界。对民俗文化研究而言，就是围绕生命本身及其延续意义，着力构建起更为广泛的血脉联系和责任义务，并通过不断创造来维护血脉联系和履行责任义务。

山西民俗作为传统文化的重要组成部分留存至今，一定有它长期留存的原因，那些传统社会反复出现的生产生活方式，持续作用的约定俗成、长期持有的信仰禁忌，都与我们能走到今天有直接关系。五年前，当我们以山西文明历史角度，开始研究和撰写《民俗山西》时就讨论过，通过编撰这套文化读物想告诉读者什么、用什么方式告诉、期待产生什么效果的问题。自那以后，这些问题一直伴随着相关的挖掘整理、分析研究、撰写修改的全过程。现在本书即将付梓出版，我们对问题的答案更加清楚了，那就是以人为本、以文化人，不忘本来、面向未来，尽量做到系统全面、图文并茂，着力融合历史性和学术性，力求兼顾现实性和可读性，在此基础上，把一幅幅鲜活生动的民俗画卷奉献给读者，把一个个富有智慧的生产生活启示展现给世人，这应该就是我们研究历史的学者要担起的使命责任吧！

是为序。

杨茂林

2022年3月　太原

目 录

概　述

山西具有“五千年古国，两千年中华一统实体”的每个环节，是构成中国古代文明的重要源头之一。五千年的华夏文明，“山西是其中历史绵延最长、文明演进脉络最完整的省份之一，被誉为‘中国古代文化博物馆’”。在这座璀璨的文化博物馆里，山西是中国早期文明的重要发祥地之一，具有完整序列的旧石器时代、碰撞与融合并存的新石器时代、凝聚中华民族精神的五帝传说和在晋南开启文明的尧、舜、禹，这些早期文明在山西境内都有代表性踪迹。山西是中华民族的发祥地之一，远古时代的三皇五帝曾在山西有过大量活动，“尧都平阳”“舜都蒲坂”“禹都安邑”都有史可查。“黄帝时代的活动中心，只有红山文化的时空框架可以与之相应”和“华山一个根，泰山一个根，北方一个根，三个根在晋南结合”，这是苏秉琦先生对“五帝”活动与山西地区关系的清晰判断。

除了远古时代的尧、舜、禹等圣君贤人，还有早于大禹且被尊为“汾水之神”的台骀、中华民族最古老的图腾龙王信仰、巡行太行山的女娲、笑傲沙场的武圣关公、百姓的守护神尉迟恭以及忠义精神的代表介子推等，这些由人民创造的地方文化和凝结民族智慧的信仰民俗，不仅是山西的历史名片，也是中国传统文化的精髓。走进华夏文明的“直根”，走进凝结着历史和神话的三晋文化和民俗世界，仿佛步入一幅绵长而迷人的

民俗画卷之中。

与这些早期人类文明相随相伴的信仰民俗，自产生之初就带有浓厚的地域色彩。在山西这块古老大地上所孕育出的各种神灵信仰、自然崇拜、祖先崇拜、宗族崇拜以及各类趋吉心理和民俗禁忌，既彰显着人类最普遍、最重要的精神活动，又规范着人们的价值取向，使人的精神能力得到广泛发展的同时，也创造出更为璀璨的地域文化。这些信仰民俗是千百年来山西地域文化的深厚积淀，也是山西民众精神生活的集中反映，更是山西民众抒发内心祈愿的重要载体，对于激发人们相互的依赖和忠诚，增进人们相互的情感和联系，消除人们相互的隔阂和矛盾都有着重要的协调作用。随着经济社会的广泛交流和民族文化的多元融合，人们在经济活动、思想观念和生活习惯等方面的趋同，使得各地的信仰民俗出现了相互渗透、借鉴、交流等特点。人们的崇拜对象更加繁多，既有制度化宗教中的神，还有各类自然神、专业神和行业神等。因此，在历史的长河中，山西的信仰民俗表现出的是传统信仰的神灵和各种宗教神灵组合成的一个复杂的神灵信仰体系。基于此，本卷所涉及的山西信仰民俗大致可分为以下五部分：宗教信仰、自然崇拜与动物崇拜、人神信仰、祖先崇拜与宗族信仰、趋吉心理与禁忌民俗。

宗教信仰

宗教的一个重要标志就是它具有严格、规范的组织和制度，信众在这种组织和制度的规范下进行各种活动。作为人类文明的重要组成部分，宗教文化在社会文化中占有重要地位，它影响着各个地区人民群众的思维方式和生活方式。大多数民俗活动最早的目的都是趋吉避凶、祈福消灾，寄望于通过各种仪式、活动来求得神灵的帮助。而如何获得神灵的帮助，怎样才能消灾避祸，则是宗教才能回答的范畴了。正如牟钟鉴先生所说："民俗若无宗教，它便只是民众的生活样式和一般的娱乐活动；有了宗教，民俗便有了信仰的层次，民俗活动便有了它的精神内核，从而变得神秘起来。同时，有了宗教的支撑，民俗文化才能发挥它巨大的社会道德功能。"很多民俗现象都是由宗教活动发展而来，遍布全国的各种宗教庙宇为民俗活动提供了场所，宗教故事与传说给民俗活动提供了大量的素材，种类繁多的各种宗教仪式也成为民俗活动借鉴、参考的对象。宗教对民俗的影响是巨大的，同时，借助民俗广阔的受众范围和强大的社会辐射，宗教自身的影响力也得到了扩大。

山西是中国的宗教大省，佛、道、伊斯兰、基督、天主五大宗教一应俱全，各教信教群众达 185 万余人，占全省总人口数的 4.9%。山西是最早传入佛教的地区之一，也是道教历史上的重要支派——北天师道的发源地和活动中心，伊斯兰教则是由古代"丝绸之路"传入山西，山西同时也是近代天主教、基督教传入较早、影响较大的省份之一。在2017年山西省文物局统计的全省县级以上文物保护单位中，涉及宗教的就达18000余处。改革开放以来，由于贯彻落实了宗教信仰自由政策，山西各大宗教都得到了较大的发展，目前全省经认定备案的宗教教职人员超过6000人，全省宗教活动场所2800余处，各级宗教团体共221个。

般若智慧化身、三世诸佛之母：文殊菩萨

佛教产生于公元前6世纪至前5世纪的古印度迦毗罗卫国（今尼泊尔境内），由释迦牟尼创立。佛教自两汉之际传入中国，在与中国传统儒家文化、道家文化的融合发展中，逐渐演变成具有中国特色的佛教文化，与儒、道二教并称“三教”，成为中国文化的重要组成部分。

山西是佛教传入较早的地区之一，最晚在后赵石勒时期已有流布，是中国佛教文化发展的重要基地之一，保存了大量的佛教建筑、雕塑、壁画、古代佛经等艺术珍品，为中国佛教的传播和发展做出了重大贡献。山西佛教最重要的特点是文殊信仰。

文殊，全称为文殊师利，也译作满殊尸利、曼殊室利，又称妙德、妙首、妙吉祥等，是佛教中最重要的菩萨之一，广受

大众信仰。同时也是中国佛教四大菩萨中最早传入的一位，早在东汉末年翻译的佛教经典中就有关于文殊菩萨的记载。在佛经记载中，文殊菩萨被认为是般若智慧化身、三世诸佛之母、无量菩萨之师，故称大智文殊师利菩萨，在诸佛菩萨中地位超然。文殊为释迦牟尼的左胁侍，居于众菩萨之首，经常代表佛陀讲经说法、答疑解惑，为佛教诸宗诸派所共尊。相传佛陀在世时，文殊菩萨就协助释迦牟尼弘扬大乘佛法，佛入灭后又与阿难、弥勒结集了大乘经典。

位于山西省东北部的五台山，海拔较高、气候清凉，特别是五峰耸立的地形恰好符合佛经中对文殊菩萨住处的描述。《大方广佛华严经·菩萨住处品》云:“东北方有菩萨住处，名清凉山，过去诸菩萨常于中住；彼现有菩萨，名文殊师利，有一万菩萨眷属，常为说法。”唐朝武则天时期的两位国师法藏和澄观都认为五台山就是佛经中所说清凉山。法藏法师在《华严经探玄记》中说:“清凉山，即代州五台山也。于中现有古清凉寺，以冬夏积雪，故以为名。此山及文殊灵应等，有传记三卷。”澄观法师在《华严经疏》中进一步解释道:“清凉山，即代州雁门郡五台山也，于中现有清凉寺。以岁积坚冰，夏仍飞雪，曾无炎暑，故曰清凉。五峰耸出，顶无林木，有如垒土之台，故曰五台。表我大圣五智已圆，五眼已净，总五部之真秘，洞五阴之真源。故首戴五佛之冠，顶分五方之髻，运五乘

五台山殊像寺文殊菩萨像

之要，清五浊之灾矣。”五台山就此被确立为文殊菩萨道场，此后发展成为世界文殊信仰的中心、世界佛教五大圣地之一、中国佛教四大名山之首。唐代文殊信仰盛极一时，以五台山为中心，传播至全国，乃至朝鲜、日本、东南亚等地。不断有外国高僧前来朝拜，如来自印度的佛陀波利、菩提仙那、般若、纯陀，朝鲜的慈藏、慧超、行寂、崇济，斯里兰卡的释迦蜜多罗、不空三藏，日本的最澄、空海、常晓、圆仁、惠运、圆珍、宗睿等。

文殊菩萨在藏传佛教中的地位也非常崇高，备受藏民爱戴的吐蕃赞普赤松德赞（742—797）就因文治武功都相当突出，为吐蕃的繁荣富强做出巨大贡献，被认为是文殊菩萨的化身。赤松德赞曾遣使来唐求《五台山图》，到今天，敦煌石窟中还留存有吐蕃统治时期遗留下来的 7 幅《五台山图》，以及大量与五台山和文殊菩萨有关的文献。元代以来，藏传佛教在八思巴、胆巴等元朝国师的推动下开始大规模传入并迅速兴盛，五台山佛教遂形成独特的汉、藏并行的格局，绵延至今，成为汉、满、蒙、藏等民族文化交流的重要纽带。

五台山佛教受到历代皇帝的崇奉，历史上名僧、高僧辈出，寺庙林立，佛法昌隆，对外交流频繁，当地民间流传着许多关于文殊菩萨显圣的故事。据说五台山地区本来天旱少雨、酷暑难耐，文殊菩萨见百姓贫苦交加，为了消解炎暑，便向东海龙王借清凉石，龙王不愿外借，文殊菩萨便略施小计，把清凉石变成一块小石子带出龙宫。龙王太子听说清凉石被借走，大闹五台山，并用龙尾将五座山峰的峰顶全部扫平，因此五台山峰顶便成为平面，且其上多有碎石覆盖。此外，五台山还有灯笼文殊、带箭文殊。传说清朝顺治皇帝在五台山出家，康熙皇帝曾来五台山寻找父亲，走到西台附近迷失了路途，文殊菩萨就幻化为一个老人，提着灯笼给他指引方向，于是便有了灯笼文殊。乾隆皇帝来五台山朝拜文殊菩萨时，路过一座池塘，池边许多妇女在浣洗衣服，池中却有一个和尚脱光了洗澡，乾隆皇帝大怒，一箭射去，正中其右肩，和尚跃出池塘逃之夭夭。乾隆皇帝沿血迹一路追踪到菩萨顶，和尚却消失不见，射出的那支箭则插在文殊菩萨像的右肩上，这才知道和尚乃是文殊变化而来。

2009 年 6 月 26 日，五台山作为文化景观遗产被列入世界遗产名录，世界遗产委员会对它做出了如下评价：“五台山位于中国山西省忻州市，是中国佛教名山之首，以浓郁的佛教文化闻名海内外。五台山保存有东亚乃至世界现存最庞大的佛教古建筑群，享有‘佛国’盛誉，由五座台顶组成，将自然地貌和佛教文化融为一体，典型地将对佛的崇信凝结在对自然山体的崇拜之中，完美地体现了中国‘天人合一’的思想，成为一种独特的、富有生命力的组合型文化景观。”今天，五台山文殊信仰更加兴盛，作为世界文殊信仰的中心，各地的信众每年都来此朝拜。

从远古图腾到佛教护法：五台山龙王信仰

龙是中华民族最古老、最重要的图腾之一。红山、仰韶、大汶口、龙山、河姆渡等距今五六千年前的文化遗址中均有龙的形象出现。到秦汉以后，龙成为中国古代封建君主的象征、

五台山万佛阁匾额

皇权的标志，是帝王专属的守护神灵，在器物、服饰等方面都有非常严格的规定。

龙是中国本土的图腾，“龙王”却并非中国原有，而是在两晋时随佛经传入。西晋竺法护翻译的《佛说海龙王经》中就记载了佛陀为海龙王说法的故事。法立、法炬翻译的《大楼炭经》则详细介绍了龙的种类：“佛告比丘言：有四种龙。何等为四？一者卵生种龙，二者水生种龙，三者胎生种龙，四者化生种龙。是为四种龙。”在佛教传入中国之前，本土传说中的龙就是司雨之神，而佛经中龙王大多居于海中，有行云布雨的神通，因此又强化了司雨这一职能。中国自古重视农耕，在科学技术相对落后的古代，人们只能把风调雨顺的希望寄托在虚无缥缈的神灵身上，因此管理江河湖海、负责行云布雨的龙王就显得格外重要，历代史籍中有关建庙祭祀、祈雨活动的记载数不胜数。从佛经中传入的龙王继承和发展了中国原有的龙的形象，之后又被道教、民间信仰所借鉴，继而相互影响、相互渗透，改造、发扬成为一种新的信仰，可以说，龙王信仰是中外文化交融的典型例证之一。

山西地处干旱、半干旱地区，有“十年九旱”之说，缺水的气候严重影响了古代山西的农业生产和日常生活。由于龙王是传说中司雨的神灵，民间常常认为干旱就是由于得罪了龙王，或者龙王不开心。因此，山西很多村子都建有龙王庙，或者在其他神灵的庙宇中专门供奉一尊龙王塑像。除了在庙宇中日常供奉龙王塑像外，在特别干旱的年景，还会不定时地举行祭祀求雨的专门仪式。如清同治二年（1863）《榆次县志》记载当地民间抗旱求雨的情景：“凡遇旱请神，两村互为迎送，谓之‘神亲’。或迎龙神，或迎狐大夫，或迎李卫公，或迎麻姑，或迎小大王。”清光绪十年（1884）《榆社县志》载：“岁旱，设坛于城隍庙。先期，具公服诣庙，行二跪六叩首礼毕，复跪拈阄，请某处龙神取水。传示乡地洒扫街道，禁止屠活命，各铺户、家户门首，供设龙神牌位、香案。命在城五约各报乡耆十名，至日随同礼房、僧众，架吹鼓手，出城取水，迎龙神。”详细描述了当地遭遇旱灾时由官方牵头举行的祭祀龙神的过程。

在今天，山西部分地区仍然存在祭祀求雨的现象，如晋中一代的“七女祈雨”、吕梁的杀猪祈雨、抬神像游行祈雨等。此外，以“五爷”信仰为代表的五台山龙王信仰，在全国乃至国际上都有很高的知名度。

五台山能够以佛教圣地驰名中外，得益于《华严经》的传播，而《华严经》中就有许多关于龙王的记载，说明五台山很早就产生了龙王信仰。唐代慧祥《古清凉传》卷下载：“时有一尼，独往太华池供养，乃见池里有大藟，大龙绕之。侣彼方龙花藟之像也。俄而云雨晴霁。”凿绘于五代后期的敦煌第61窟《五台山图》，反映的是唐、五代时期五台山地区自然地理、佛教寺院和著名灵迹，其中就有“独龙二百五十降”“毒龙堂”“大毒龙二百五十云”“婆竭罗龙王现”“金龙云中现”“龙宫兰若”等与龙王有关的内容，说明当时五台山的龙王信仰就已经有了很大的影响，并且已经被从印度、西域前来朝拜圣地的僧人带到了敦煌地区，流布十分广泛。宋代张商英《续清凉传》将五台山龙王具体数目计为五百：“夫清凉山者，大唐东北，燕赵西南，山名紫府，地号清凉。乃菩萨修行之地，是龙神久住之乡。……文殊现老相之中，罗睺化婴孩之内。间僧贫道，多藏五百龙王；病患残疾，每隐十千菩萨。”民间传说中，五台山有五位龙王，均为东海龙王的儿子，分别住在五座台顶，其中以“五爷”最为灵验。五位龙王也被当地人认为都是文殊菩萨的护法神。传说文殊菩萨从东海龙宫取走清凉石后，龙王五位太子追到五台山讨要，最终被文殊菩萨降伏，分别安排在五座台顶，成为当地百姓的保护神，其中第五位太子分在北台，被老百姓尊称为“五爷”。五台山“五爷”的主要道场有三处，分别是北台广济龙王庙、东庄村五爷庙、台怀镇万佛阁，皆以五龙王为主神。据说五爷本来是黑脸，1998 年万佛阁新塑五爷像时把黑脸涂成了金色，原因很有民间趣味——原本黑脸的五爷脾气不好，暴躁易怒，涂成金色以后就变得性情温和了。

东庄村五爷庙和台怀镇万佛阁大殿对面都建有戏台，是因为传说中五爷爱看大戏，因此除年节、庙会定期的演出外，虔诚信众还愿时也往往请来戏班给五爷唱戏，称为“愿戏”。佛教寺院则在大殿正对面搭台唱戏，为全国其他地区少有。

道教中的神国领袖、万神之王：玉皇大帝

道教神仙体系中的至高神乃是所谓“三清”——元始天尊、灵宝天尊、太上老君，其下则是号称“四御”的玉皇大帝、紫薇大帝、勾陈大帝、后土皇地祇。其中玉皇大帝虽位列“三

清”之下，但却是中国民间百姓最为熟知的神仙之一，其知名度远在其他几位“三清”“四御”的神仙之上。玉皇信仰源自中国古老的天帝信仰，早在殷商时期，人们就把主宰天地的最高神灵称为“帝”或“上帝”，认为他有着支配各种自然现象、国家兴衰成败、人类生老病死等所有一切的强大力量。西周之后人们把天帝又称为“皇天”“上天”“昊天上帝”等，并认为统治者是受上天委派来牧化百姓，因此国君开始自称为“天子”。道教中的“玉皇道君”和“高上玉帝”最早是两位神仙，据南朝梁陶弘景《真灵位业图》，他们分别位于元始天尊右侧第十一位、第十九位，地位并不十分尊崇，但在之后的发展中与传说中的天帝逐渐融合，成为民间信仰中的万神之主。宋代以后对玉皇大帝的信仰达到顶峰，宋真宗大中祥符七年（1014）在皇宫供奉玉皇大帝，上尊号为“开天执符御历含真体道玉皇大天帝”。宋徽宗政和六年（1116）又加封为“太上开天符御历含真体道昊天玉皇上帝”。道教经典《高上玉皇本行集经》（简称《玉皇经》）讲述了玉皇大帝的来源，说古代有个光严妙乐国，国王年老无子，便找来道士向上天作法祷告，有一天王后梦见太上道君乘五色龙舆，怀抱婴儿，率领众神前来赐子，醒而有孕，遂生王子。王子后来舍位出家，修道三千二百劫，成就金仙，又历经亿劫，始证玉帝。“劫”原为古代印度婆罗门教中的时间单位，后来被佛教、道教沿用，《西游记》中说十二万九千六百年为一劫。此外民间还有传说，当年姜子牙封神，本来打算自己当玉帝，待封神榜上所有神职都分封完毕时，只有玉帝的宝座空着，众神纷纷问这个位置谁来坐，姜子牙说道："自然有人来坐。"没想到台下正好有一位姓张名友仁者，瞬间飞升其上，做了玉帝。当然，"玉帝张友仁"近似于民间笑话，并不被道教正式承认。

在道教教义中，玉皇大帝虽然位列"三清"之下，但作为天上的"皇帝"，其领导各路神仙，总管三界事务，乃是封建皇权在神仙体系中的象征，正如蒲松龄在《聊斋志异》中所说："天上有玉帝，地下有皇帝。"因此在大多数民众心目中，玉皇大帝都是排名第一的神仙。道教把农历腊月二十五定为玉皇大帝的出巡日，农历正月初九定为玉皇大帝的诞辰，旧时每年春节前后民间都会进行祭祀。

山西自古以来就是佛、道两教传播的重要地区之一，许多地方都建有玉皇庙，全国被列入国家级文物保护单位的玉皇庙共 21 处，仅山西就达 11 处之多，位列全国之冠。其中晋城市泽州玉皇庙 1988 年被评为第三批国保单位。泽州玉皇庙始建年代不详，据庙内碑刻记载，隋时已"建庙宇三楹，内绘三清图像"，北宋熙宁九年（1076）重建，金泰和七年（1207）重修，后毁于战乱，元至元元年（1335）重建，此后明清两代多次修缮、增修。泽州玉皇庙现存建筑包括玉皇大殿、献亭、三清殿、十二辰殿、十三曜星殿、二十八宿殿、成汤殿、地藏殿、关帝殿、蚕神殿、钟鼓楼、山门、仪门等。其中玉皇殿为北宋遗构，成汤殿建于金，其余为元明清建筑，总占地面积4000多平方米。庙内现存宋金时期彩塑51尊，元代彩塑40尊，加上明清时期彩塑，共260余尊，都是难得的道教艺术珍品。其中元代二十八宿彩塑造型生动、特点鲜明、栩栩如生，均为人物与动物形象相结合，目前在国内尚属首例、孤品。玉皇庙保留了北宋至清代碑刻23通，为研究当地道教文化信仰和社会发展提供了宝贵的资料。

镇守北方的玄天上帝：真武大帝

真武，本名玄武，与青龙、白虎、朱雀组成四方守护神，镇守北方，是道教最重要的神祇之一。玄武是古代神话传说中的北方之神，最早见于屈原的《楚辞·远游》："时暧曃其曭莽兮，召玄武而奔属。"其形最初为龟或龟蛇相交，发展到宋代，成为一位"披发黑衣，仗剑踩龟蛇，从者执黑旗"的威猛武将形象。有关真武的来历，道教中说法不一，主要有以下几种：1. 由天地神变化而来；2. 大禹的父亲鲧死后成为水神，化为三足鳖，号玄冥，之后演变成玄武；3. 二十八宿中北方七宿，形如龟蛇，即玄武；4. 本为净乐国太子，舍弃王位出家学道，修成正果，镇守北方，号曰玄武。

宋代大中祥符五年（1012），宋真宗梦到天书下降，里面记载赵氏祖先名为赵玄朗，基于避讳，改“玄武”为“真武”。天禧二年（1018），宋真宗敕建了第一座专祀真武的官庙——祥源观，史载该观共有房屋630间，以及东西二院，规模十分宏大，并敕封真武为“真武灵应真君”。此后赵宋历代皇帝都崇奉真武，宋徽宗加封号为“佑圣真武灵应真君”，宋钦宗封“佑圣助顺真武灵应真君”，南宋宁宗封“北极佑圣助顺真武灵应福德真君”，理宗封“北极佑圣助顺真武灵应福德衍庆真君”。元代诸帝也十分崇信真武大帝，元世祖忽必烈曾在大都（今北京）建大昭应宫，供奉真武。元成宗时加封真武为“光圣仁威玄天上帝”，成为道教的北方至高神。明成祖朱棣加封真武为“北极镇天真武玄天上帝”，在武当山建造了规模庞大的建筑群，又在北京敕建真武庙，真武信仰达到鼎盛。

道教中定义真武大帝为玄天上帝，降妖除魔，镇守北方，是威猛的守护神。因其塑像脚踏龟蛇，在民间又被赋予送子的神通，不少妇女向他求子。同时还是算卦、屠宰等行业的行业神。总之，随着真武信仰影响力的不断扩大，其神职也不断丰富，近乎无所不能，成书于元代的道教经典《武当山玄帝垂训》中将其比作佛教的无量寿，即阿弥陀佛。

位于山西省吕梁市方山县境内的北武当山被道教认为是真

武大帝的北方行宫，是华北、西北地区很有影响的道教圣地。北武当山形成于太古时期的冰川遗迹，因山势像巨龙，最早被叫作龙王山，明代修复玄帝庙后，取“非玄武不足以当之”之意，更名武当山，又为与湖北武当山区分，称为北武当山。据《永宁州志》记载，唐代药王孙思邈曾在北武当山真人谷修炼，当时已有真武大帝庙观。《汾州府志》记载，五代宋初著名道教学者陈抟曾在北武当山辟谷练气 20 余年。唐宋之后，随着岁月流逝，殿宇、塑像多有坍塌损毁，但也不乏修葺和扩建。据现存资料记载，明永乐十一年（1413），明成祖朱棣侄庆成王济炫、永和王济朗兄弟俩权住汾州府时，因崇拜真武大帝，

北武当山

付巨资将登山之崎岖小路改造成石砌台阶，并将早已坍毁的玄天大殿修复一新。此后，明、清又多有修建和增补。

北武当山主要的宗教活动是朝山进香，附近村民大都信仰真武，认为真武大帝无所不能，只要诚心祈求，真武就会显灵，帮助他们实现愿望。当地百姓中流传有许多真武大帝给祈祷信众赐福，或给触犯神灵者降祸的故事。每年农历三月初三真武大帝诞辰日，是北武当山传统庙会，各地香客蜂拥而来，香火非常旺盛。其时，玄天殿前，香烟缭绕；风景区内，游人如织。人们纷纷祈求真武大帝保佑，内容包括消灾免难、健康长寿、超度亡魂、升学升职、生儿育女、发财致富等。当天许多香客到北武当山金顶玄天大殿跪拜默祷，称为“许愿”。愿望实现之后还需要“还愿”，还愿的方式主要有供献香烛匾联、修缮庙宇、重装金身、补路修桥、定期朝山、素食等。

八仙之一、全真祖师：吕祖洞宾

吕洞宾，名岩，字洞宾，道号纯阳子，道教“八仙”之一，道教全真派尊其为北五祖之一，故称“吕祖”。相传吕祖为唐末人，本是一位儒生，经“八仙”之中的另一位——钟离权点化，入道成仙。关于他的籍贯，主要有三种说法：一说在唐蒲州永乐县（今山西芮城），一说在河中府（今山西永济），一说

在京兆府（今陕西西安）。

吕洞宾是道教八仙中影响最大、传说最多的神仙，出现在很多古代的神话笔记、戏剧小说中。据说他生平不但饱读诗书，还精通武术剑法，常常仗剑云游，除暴安良。关于他的传说故事中，流传较广的有“黄粱梦中悟道求仙”“钟离权十试传道”“火龙真人授剑”“飞剑斩黄龙”“三醉岳阳楼”等。明代吴元泰所著描写道教八仙的神魔小说《东游记》中还讲述了吕洞宾“三戏白牡丹”的风流韵事，传说中的吕祖仙风道骨、风度翩翩，而才子佳人的故事在民间最为喜闻乐见，因此大受欢迎，

流传甚广，也为作为神仙的吕祖增添了不少人情味，变相起到了宣传道教的作用。吕洞宾生平创作了许多道教诗歌，《全唐诗》中录其诗作249首，词30首，此外还有《吕祖全书》传世。

吕祖信仰自北宋开始流行，并得到官方承认。北宋宣和元年（1119）诏封其为“妙通真人”，元至元六年（1269）封其为“纯阳演正警化真君”，元至大三年（1310）加封为“纯阳演政警化孚佑帝君”。金元时期全真教将吕洞宾正式吸纳入道教神仙体系，以东华帝君、钟离权、吕洞宾、王重阳、刘海蟾为“五祖”，地位崇高。吕祖信仰集中体现了中国古代“三教合一”的思想特点，其内丹理论掺入了佛教禅宗思想，教化思想则以儒家忠孝节义的伦理观为基准。任继愈先生主编的《中国道教史》中将其誉为“宋代以后道教神仙的代表人物”，开创了中国道教的新局面。

山西省芮城县的永乐宫，又名大纯阳万寿宫，是专为纪念吕祖而修建的，是中国现存最大、保存最为完整的道教宫观，同北京的白云观、陕西户县的重阳宫并称为全真道教三大祖庭。

唐代时吕洞宾去世后，芮城县人民为纪念他，专门修建了吕公祠，到元代扩建为道观，元朝至正年间全真派首领丘处机极受皇帝推崇，全真派由此大兴，道观遂敕令升格为道宫，并开始大规模扩建。永乐宫修建前后历时110多年，几乎与整个元朝相始终。宫内有四座规模宏大的元代殿宇，壁画总面积

1000多平方米，其中三清殿壁画《朝元图》、纯阳殿《纯阳帝君神游显化图》堪称中国绘画史上罕见的精品巨制。明、清之间又先后进行过三次大规模的扩建，形成了独具道教特色的木结构建筑体系。永乐宫占地面积8万多平方米，内部建筑主要有老宫门、龙虎殿、三清殿、纯阳殿、重阳殿、玄帝庙、吕仙堂等。原址位于山西芮城县永乐镇招贤村，20世纪50年代末修建三门峡水库时，因该地处在库区淹没区，被整体迁移至芮城县北郊龙泉村附近，历经十年时间，距离原址约20公里。

芮城县作为传说中吕祖的出生地，吕祖信仰在这里有深厚的群众基础，当地群众每逢初一、十五及各大民俗节日都会到永乐宫向吕祖进香祭拜。在永乐宫内，有吕公祠、吕祖墓、纯阳殿三处民众祭祀吕祖的场所。除了平日里自发性的祭拜之外，自唐代建立吕公祠以来，每逢四月十六吕祖诞辰，附近的民众就会来到这里举行庆祝仪式，并有道士主持祭拜。每年三月初三西王母生日，永乐宫也会举行庙会，相传吕洞宾曾在赴

芮城永乐宫壁画

王母蟠桃宴会时，巧借金簪除妖安民，为了纪念他的这一事迹，人们就设立了三月三庙会，也称为蟠桃古会。三月三庙会也是当地全家团聚的日子，据说只有家人一起祈祷，吕祖才会降福，当天无数信众举家来到吕公祠，供奉祭品、焚烧香烛、三拜九叩，祈愿吕祖保佑。永乐宫龙虎殿实际上是一座雄伟、高大的戏楼，从前每逢庙会期间都会在这里搭两座戏台，聘请两个戏班同时展演各种剧种曲目，酬神献艺的同时还要一争高下，即所谓的“对台戏”。现在永乐宫庙会的戏剧表演仍然延续了这种对台戏的形式，只是出于保护文物的考虑，不再将龙虎殿作为演出场地，而是移至另建的戏台。

送生保育、祛疾救灾的送子娘娘

送子娘娘是道教中掌管妇女生育、儿童健康的女神。道教神仙体系中许多女性神仙都被赋予了送子的神通，其中影响最大的是碧霞元君，因其老家在泰山，是泰山之神东岳大帝的女儿，故又称“泰山娘娘”。宋真宗大中祥符元年（1008）封禅泰山之时，加封泰山神为“东岳天齐仁圣王”，加封青帝为“广生帝君”，封泰山小白龙为“渊济公”，封漆河为“灵派侯”，封亭亭山神为“广禅侯”。据说泰山玉女池干涸已久，但在封禅期间突然涌出甘美的泉水，且在其中出现了一尊女性石雕像，宋真宗认为这是大大的祥瑞，石雕玉女像是泰山之女，于是加封其为“天仙玉女碧霞元君”。顾炎武《日知录》云：“泰山顶碧霞元君，宋真宗所封，世人多以为泰山之女，后之文人知其说之不经，而撰为黄帝遣玉女之事以附会之；不知当日所以褒封，固真以为泰山之女也。今考封号虽自宋时，而泰山女之说则晋时已有之。”也就是说其实早在晋代，就已经有了泰山之女的传说，只是宋真宗时才有了“碧霞元君”的封号。

传统中国社会十分重视血脉的延续，有“不孝有三，无后为大”的说法，因此碧霞元君虽然在道教系统里只是一个小神，地位并不高，但因为她司职送子保育、祛病防疾、除暴安良，因此在普通民众尤其是广大妇女中影响很大。碧霞元君祠庙内供奉的神仙均为女性，尊称“娘娘”，主祀泰山娘娘，两旁一般配祀注生娘娘、送生娘娘，大多怀抱婴儿，以示其掌管人间生育的职能；有的祠庙还配祀眼光娘娘、斑疹娘娘、痘疹娘娘、耳光娘娘等，分别对治各种疾病。明代文人张岱在《岱志》中说：“元君像不及三尺，而香火之盛为四大部洲所无。”除普通民众外，古代皇帝后妃、贵族妇女也对碧霞元君崇信有加。明神宗时皇太后患有眼疾，就曾专门派人到泰山祭拜碧霞元君。清代乾隆、道光等皇帝也专门修建碧霞元君祠庙，供后宫嫔妃祈祷求子。同治皇帝载淳感染天花时，慈禧太后为祈求他健康平安，亲自到北京妙峰山碧霞元君庙“烧头香”，命令庙祝（即寺庙里掌管香火的人）在她进香后再开庙门，民间传说碧霞元君以慈禧失德，不愿救治，同治皇帝最终因天花而死，年仅 19 岁。

旧时如果一对夫妇婚后多年不怀孕，就会去娘娘庙求子，到今天这种习俗在山西有些地区仍然存在。求子时要在树上压石，要拴红线、讨娃娃。许多地方在婴儿出生之后不久，也会祭祀送子娘娘，用面塑的桃子、石榴以及红纸剪成的鞋等供神，感谢送子娘娘为家庭添丁加口之功德。

山西乡间散落着数量众多的送子娘娘庙，其中以潞城市贾村碧霞宫最为知名。贾村碧霞宫始建年代已不可考，但从当地“先有碧霞宫，后有潞城县”的说法可知其历史之悠久。现存最古老建筑为元代遗存，此后明清两代历经多次修葺，“文革”中大殿被拆毁，两侧厢房改为学校，20 世纪 90 年代后，当地又进行了修复和扩建。现在的碧霞宫坐北朝南，占地面积

2400多平方米，有正殿、东西厢房各十七间。早在明代万历年间，贾村就开始以碧霞宫为中心举办“迎神赛社”活动，祈求神灵庇佑，农业丰收。贾村赛社最早规定为每40年一大赛，改革开放后这一活动得到了恢复和延续，并拓展为每年一赛，在每年的二月初二或四月初四举行。赛社有严格的程序和礼仪规定，分“下请”“迎神”“正赛”等环节，下请即将请神名单焚表上天，然后在神庙外迎接诸神，接下来三天为正赛，会在碧霞宫上演各种祭祀戏剧和说唱曲艺。2006年被列入国家级非物质文化遗产保护名录的贾村赛社就是以碧霞宫为中心展开，体现了当地特有的民俗文化风情，号称山西乃至整个华北地区规模最大的传统民间活动。

最具人间烟火气的神祇：天地爷、灶王爷

天地爷、灶王爷都是保佑家宅平安的神祇，大多只在家庭中祭祀，祭祀成员均为在场的家庭成员。虽然很少建造专门的庙宇，但几乎家家户户都会在家里供奉他们的神像。

在山西传统民居中，宅院内一般都设天地爷神龛，俗称“天地圪洞”。神龛有一至二尺见方，镶嵌在墙面内，或张贴彩色纸质画像，或用红纸或木板书写牌位，放置其中。牌位一般写“天地三界十方真宰”，有的地方把天地爷称为“天地全

神”，并非指某一个神灵，而是道教中管辖人间事务的神灵的集合，画像大多以玉皇大帝为主神，位居正中，周围神像包含道教中的“三清”“四御”，以及各路大小神仙，有的甚至还加入佛教的文殊、普贤、地藏等菩萨。神龛两侧贴有对联，常见的有“天恩深似海，地德重如山”“天高覆万物，地厚载群生”“天高自古悬日月，地厚至今载山河”“日月星辰终古系，山川草木万方生”“谢天谢地交正月，无事无非又一年”等。天地爷总管人间各种事务，因此每逢春节，家家户户都在天地爷神龛前摆放水果、干货等祭品，由除夕夜供奉至正月初五，祈求来年风调雨顺、家宅平安。在元宵节、端午节等民间重要节日期间，也会摆放供品，祭拜天地爷。有的地方成人礼、婚礼仪式都在天地爷神龛前举行，“拜天地”就是祭拜天地爷，让天地爷见证人生最重要的事情。

太原西山民居中的天地爷神龛

灶王爷原本只掌管人间饮食，到东晋之前，又被赋予了监察人间善恶的职能。葛洪《抱朴子·内篇》称：“月晦之夜，灶

灶王神像

神亦上天白人罪状。大者夺纪，纪者，三百日也；小者夺算，算者，一百日也。”即灶神会在每月月底上天诉说人的罪状，按罪状大小减除人的寿命，罪大的要减少一纪，也就是三百天，罪小的减少一算，也就是一百天。所谓“民以食为天”，灶王爷掌管饮食，因此在民众心目中地位极重，山西民间有“灶王爷贴在腿肚子上——人走家搬”的歇后语，灶王爷的重要性由此可见一斑。中国祭灶由来已久，关于灶王爷的来历，有很多种不同的说法，一般认为是火神转化而来，如《周礼》云：“颛顼氏有子曰黎，为祝融，祀以为灶神。”认为灶神是颛顼之子，火神祝融。《淮南子》则说：“炎帝作火，死而为灶。”意思是炎帝发明了生火，因此死后成为灶神。灶王神像设在灶头墙壁上，一般为彩色印刷的画像，也有用红纸书写的“司命灶君”牌位。既然灶神负有监察民间的职能，人们为了祈福消灾，就必须对灶王爷恭敬有加，不能在灶前诅咒詈骂他人，不能用刀具、筷子等击打灶台，不能将污秽之物纳入灶火中燃烧，等等。相传每年农历腊月二十三，灶王爷都会上天，向玉皇大帝报告人间功过。在这一天，人们都会用灶糖祭祀灶君，祈求他为自己隐恶扬善，只讲自己的功德，不讲过错，期望他“上天言好事，回宫降吉祥”，广泛传唱的童谣中有“二十三，糖瓜粘”，就来自这一习俗。有的地方还会举行送灶仪式，将旧的灶王爷像从墙上接下焚化，燃放烟花爆竹，表示送神上天，到除夕夜时重新贴上新的神像，再次燃放烟花爆竹，称为“接神”。除夕夜围炉守岁的习俗，最早也是为了纪念灶神。山西民间又把灶神称为“灶马爷”，春节期间会在神像前摆放“枣山”，枣山是用发面盘成山的形状，上缀红枣，有的地方还在表面捏一条口含钱币的蛇，然后蒸制而成，寓意生活红红火火，财源广进。

伊斯兰教信仰

伊斯兰教传入山西的时间在唐宋时期，元朝统一中国后，蒙古西征军中的大批中亚细亚人、波斯人、阿拉伯人、回纥人随军东迁，在各地定居，其中就包括山西。当时山西的穆斯林人数已经很多，著名历史学家白寿彝《回族人物志》中写道：“元代，从河套地区东达宣化一带，从丰州到大同、平阳、太原、寻麻林，有不少回回军士、工匠、商人、官宦及伊斯兰教宗教师居住在这里，元朝政府长期在这一带设局织造西锦、毛毯，制作锦衣……”元末明初，随着军事征战、移民迁徙，又有大量回族人迁入。明末清初以后，因战乱、逃荒、经商等原因，也有不少回族人迁居于此。到今天，山西回族人口将近10万，人数约占省内少数民族的80%，他们分布在各行各业，为山西经济、社会、文化的发展做出了自己的贡献。

山西回族人在饮食、服饰、婚丧嫁娶等方面的生活习俗与全国其他地区回族人无太大区别。

太原市作为山西省省会城市，是全省的政治、经济、文化中心，吸引了大量回族群众前来定居。太原清真古寺是太原市内回族群众最重要的宗教活动场所，坐落在解放路南端。据当地地方志及寺内清光绪年间重修清真寺碑记载，该寺为唐贞元年间（785—804）始建。北宋太平兴国四年（979）宋太宗赵光义灭北汉、毁太原，清真古寺随之被毁。北宋景祐年间（1034—1038）宋仁宗敕令重建。元代大德七年（1303）山西发生大地震，清真古寺也遭到了严重的破坏，至正年间（1341—1368）在原址重新修建。明清时期又经历了多次大大小小的修缮。

太原清真古寺建筑形式呈“珍珠倒卷帘”状，面积约2300平方米，分两进院落，结构对称、精美壮观。经当代考古学者研究认定，就现存建筑形制以及其他遗物来看，其殿堂最早应为元末明初所建。古寺由门楼、省心楼、左右碑亭、讲经堂、

太原清真古寺穆斯林义诊活动

大殿、厢房、沐浴室、望月楼等组成。牌楼、大门为中式，大殿为中阿合璧的砖木混合结构，贴金彩绘，富丽堂皇。大殿面积 460 平方米，可同时容纳 600 多人进行礼拜，按伊斯兰教传统，墙壁正中有拱形小凹壁（米合拉布）。米合拉布处镌刻有贴金的阿文《古兰经》部分经文，硬木雕刻，工艺精细、字体雄健，为国内清真寺阿文书法中所少见。寺内现存明清两代碑刻、牌匾三十多方，均为当时书法名家所作，有很高的艺术价值。每逢开斋节、宰牲节、圣纪节等伊斯兰教重要节日，当地回族群众都会齐聚清真古寺，举行盛大的庆祝活动。

太原清真古寺周边有许多回族人开设的餐馆，售卖的清真饮食深受当地人民欢迎，其中最著名的有鸿宾楼、认一力等。

鸿宾楼是1981年经太原市人民政府批准引入，以烤鸭为主要特色。认一力则创办于1930年，字号系从伊斯兰教义“认主独一，主力无穷”中提取而来，招牌美食羊肉蒸饺皮薄馅大、味道鲜美。

天主教信仰

山西天主教于明泰昌元年（1620）传入，著名耶稣会士艾儒略等来山西传教，通过开办孤儿院、学校，抚恤孤贫等方式赢得了民众的好感，之后建立教堂，开辟教区，取得了巨大的成功。最早来山西的耶稣会士为了让当地民众更好地理解、接受天主教教义，开始尝试用儒家学说来解释天主教信仰，如著名传教士、意大利人高一志，1924年来到山西，在晋南地区传教16年，其间撰写了20余部中文著作，很多都是用儒家

清徐六合村天主教堂

“修身、齐家、治国、平天下”的学说阐释西学，给天主教披上一层儒家的外衣。在他的努力下，当地教民竟由最初的 25 人增至 8000 余人。此外又有许多传教士运用宗教中常见的诊病赠药、演化神通、降福消灾等形式，吸引了大批民众信教入教，比如 1889 年太原旱灾期间，圪僚沟教众竟在太原主教的同意下，参照中国传统民间信仰中的龙王求雨活动，到阳曲县阪泉山圣母堂祈祷，并抬着耶稣像和十字架求雨。

中华人民共和国成立后，中国的天主教和基督教组织在中国共产党和中国人民政府的领导下，实行“自治、自养、自传”的“三自”原则，坚持独立自主自办的方针。1982 年，山西省天主教教务委员会参照行政区划划分为大同、朔州、忻州、太原、晋中、吕梁、临汾、长治、晋城、运城十个教区，一直延续至今。

山西天主教现有教徒约 30 万人，活动场所约 450 个。天主教在山西具有分布相对集中的特点，在一些市、县、乡村，信徒人口呈现出集中、稠密的现象。位于山西省太原市清徐县城西南两公里处的六合村，全村 1800 余户，总人口 8000 余人，其中 90% 信仰天主教，是中国最大的天主教徒聚居村之一。

六合村韩、王两姓祖先因信仰天主教迁居于此，开荒种地，后来又逐渐聚集了一些外地逃荒来的难民，到 1717 年已有教徒 200 余人。1720 年康熙皇帝在全国全面禁止天主教，到

六合村天主教堂内部

1860 年清政府才正式解禁。在此期间，六合村天主教多数时候只能在家族内部纵向发展，传教方式较为隐蔽。1818 年教会教徒共同集资建起了一个东西朝向的小教堂，1895 年重建为占地 15 亩的十字形哥特式大教堂，1929 年在此基础上再次扩建，“文革”时期被毁坏。十一届三中全会后，政府落实宗教政策，发还教产，教徒集资重建教堂。现在看到的教堂为 2006 年扩建，总长 76 米，宽 21 米，穹顶高 33.75 米，直径 15 米。内部建筑风格为罗马式穹顶，上圆下方。堂内供奉五尊铜雕塑像：祭台中央是耶稣圣心像，高 3.5 米；左侧为圣母像、右面为圣若瑟像，各高 2.8 米；祭台两侧分别是圣安多尼、圣方济各像，高 2 米。祭台向后扩建了 20 米，祭台底层是多功能地下室。

经过 300 余年的发展，天主教的教义、仪式已深深融入六合村人的生活，形成了固定的模式，规范着每一位教徒的行为。周一至周六，教徒每天早晚都要去教堂做两台弥撒，当地俗称念两次经，完成仪式的同时促进了人们的感情交流。周五为耶稣受难日，教徒要吃素守斋一日。

基督教信仰

基督教有广义、狭义之分，广义的基督教是世界三大宗教之一，包括天主教、东正教、新教各派，狭义的基督教特指 16 世纪从天主教分裂出的新教。这里说的基督教是指狭义的基督教。1876 年，包括山西在内的华北地区发生特大旱灾，西方传教士、外交官和商人在上海组成“中国赈灾基金委员会”，从事募捐赈灾活动。同年英国内地会牧师特纳和詹姆斯来山西布道，于次年在太原设立总站，救济灾民，从此将基督教传入山西。1877 年 11 月，英国浸礼会牧师李提摩太受赈灾基金委员会委托，携银千两来山西赈灾。李提摩太来到山西后眼见旱情之严重，又向各国募捐大量赈灾款项，并亲自赴灾区考察，调研各地粮食价格的变动，以及饿死、逃荒的人口数量，绘制地图，向当时的山西巡抚曾国荃提出许多赈灾防灾的建议，为当时的山西提供了巨大的帮助。此后，公理会、自立会、宣道会

等新教派别也相继传入。到1900年，基督教已传入山西69个州县。

基督教在山西传播起始于抗旱救灾，在之后的过程中，又开设医院、学校，修筑公路、铁路等，得到了群众的称赞和政府的支持。据《山西通志·民族宗教志》等资料统计，1949年前山西基督教会在各地共创办西医院、诊所40余处，各级学校、扫盲班等约40所。例如山西大学的前身山西大学堂，就是李提摩太首倡并创办，而山西农业大学的前身太谷铭贤学校，当时也是教会办学。1901年李提摩太提出用“庚子赔款”在山西创办山西大学堂，后在其中设西学专斋，仿照英国学制，教授文学、数学、物理、工学、化学、英文等课程，为当时的山西培养了大量现代人才。太谷铭贤学校1907年由孔祥熙创办，1928年增设农科，1931年开办工科，1951年被山西省人民政府接管，改为山西农学院，1973年更名山西农业大学。

太原桥头街基督教堂

位于太原市桥头街的基督教堂，1878 年由英国浸礼会教士筹建，1992 年拆除重建，是目前太原最大的基督教堂，总面积约 2000 平方米，可同时容纳 1300 人礼拜、聚会。堂内设有教牧组、财务组、书刊组、房产组、安全卫生消防组、后勤组等。每周聚会有慕道学习班、青年聚会、信徒造就聚会、姊妹查经聚会等。此外还设有生命栽培班、圣剧组、圣乐队、医疗团契、以法大团契、主日学、诗班等团契，极大地丰富了信徒的生活，增强了凝聚力。

教会每年利用五一、国庆、春节等重大节假日举办敬老聚会、青年婚姻联谊会、祷告会、夫妻家庭见证会、工人培训等特别聚会；并发挥基督教的博爱精神，努力开展扶贫济困、赈灾助学、医疗救助、关爱孤寡老人等公益慈善活动，为促进山西省社会和谐、经济建设做出积极的贡献。

自然崇拜与动物崇拜

自然崇拜和动物崇拜源于古老的万物有灵信仰，古代人信仰和崇拜的对象非常广泛，不仅有对天、地、日月星辰、风雨雷电等自然物和自然现象的崇拜，还有对各种动物、植物的崇拜。人类祖先缺乏对自然界的客观认知，他们发现了大自然的强大力量，但对这些力量的来源一无所知，而且大自然不但可以施恩于自己，同时也会降下各种灾害，因此他们将自然物和自然力进行了人格化的描述，把它们想象成所谓的“神灵”。远古人类生产力低下，获得食物的过程十分艰辛，而且充满危险，他们羡慕动物肉体的强大，同时也把动物看作有灵的东西，出于希望免于被动物伤害，或者使得自身也获得这种强大的力量等原因，便开始对它们进行崇拜。到今天，这些自然崇拜和动物崇拜的仪式在山西的很多地方仍然存在，成为山西信仰民俗中非常重要的一部分。

国家正祀中的大地女神：后土娘娘

后土，又称“厚土”，俗称“后土娘娘”，是一位主宰大地的女神，与主宰上天的“天公”玉皇大帝相对，被尊称为“地母”。后土最初由土地神演化而来，代表大地，与“皇天”相对。古代农耕民族对土地的依赖非常大，对各种地质灾害现象无法用科学去解释，因此只有寄望于对土地神的崇拜，以期有

万荣后土祠

一个好的收成。

后土最早被认为是男性神祇，《国语·鲁语》说：“共工氏之伯九有也。其子曰后土，能平九土，故祀以为社。”意思即后土是共工氏的儿子，后来成为“社”，即土地神。东汉郑玄在为《礼记》作注时，则说：“后土，亦颛顼氏之子曰黎，兼为土官。”又认为后土是共工氏的老对头颛顼氏的儿子。后土“由男变女”的原因大概是来自中国古代阴阳哲学，古人认为天为阳、地为阴，掌管土地的神灵应该为女性，故此，至晚在隋唐时后土就逐渐演变为女神形象。自秦汉以来，历代帝王都非常重视后土的祭祀，并将其列入国家正祀中。宋徽宗敕封后土娘娘为“承天效法厚德光大后土皇地祇”，为“四御”之一。后土庙主要供奉的就是后土娘娘，在 2007—2011 年第三次全国文物普查中，山西供奉后土娘娘的文物点共 61 处，其中以全国重点文物保护单位万荣后土祠、介休后土庙最具代表性。

万荣后土祠位于万荣县荣河镇庙前村北约 200 米的高崖上。坐北朝南，东西宽约 105 米，南北长约 240 米，占地面积约 2.5 万平方米，是古代帝王祭祀后土神的处所。万荣后土庙创建于汉文帝时，汉武帝元鼎四年（前 113）扩建，改庙为祠，定为国家祠庙。此后东汉、隋唐、北宋均有兴建，北宋大中祥符四年（1011）达到极盛。明万历年间，因黄河冲刷，先后两次迁建，均被黄河吞没。现存建筑均为清同治九年（1870）新选庙址重建。庙内现存有山门（亦称朱雀门，含过路戏台）、并列戏台、献殿、香厅、正殿、秋风楼等，献殿前为东西五虎配殿。山门下为过路戏台，与后面的并列戏台呈“品”字形制。山门三开间，歇山顶，两侧建歇山顶便门，三门组合。并列戏台各为面宽三间，进深四椽，后搭牵，平柱外移，大额枋承接大梁。献殿面宽五间，进深四椽，单檐硬山顶，供香客们摆放供品、祭拜女神。正殿面宽五间，进深六椽，五架梁前后搭牵，悬山顶，屋顶琉璃剪边，殿内供有三尊娘娘塑像，后土娘娘居中，送子娘娘、送药娘娘侍立两边。秋风楼位于正殿之后，据说汉武帝曾先后六次来到后土祠祭祀，并在此赋《秋风辞》，秋风楼因此而得名。东西五虎配殿各面宽三间，进深三椽，单檐硬山顶，东五虎殿供奉封神榜的五岳大帝，西五虎殿则供奉三国时蜀汉的五虎上将。庙内存有由宋真宗御撰、御书、御篆的《汾阴二圣配飨铭》（也称萧墙碑），金代后土祠线刻庙貌全图碑、元代镌刻的《秋风辞》碑、清代王轩篆书的《秋风辞》碑。当地每年农历三月十八和十月初五为传统庙会。古代万荣后土祠庙会最早是皇家祭祀，元明时期改为地方官员主祭，到明清之后逐渐变成乡间群众自发组织。“文革”期间庙会曾一度被取消，直到2000年才重新恢复，由当地政府主办。过去庙会上三座戏台同时开演传统的酬神戏剧，近年来也加入了歌舞、锣鼓、八音等其他文艺形式。庙会期间当地人准备香油蜡纸、各色食物等供品，从四面八方而来，祭祀后土娘娘。周边场地还会摆上摊位，展演各种非物质文化遗产项目，出售各地特产、风味小吃，极大地促进了当地的经济和文化交流。

介休后土庙始建的具体年代已不可考，据庙内现存碑刻记载，南朝宋孝武帝大明元年（457）、梁武帝大同二年（536）、宋仁宗皇祐元年（1049）分别进行过修缮或扩建，明清两代又多次进行扩建，形成了现在的规模。现在的介休后土庙占地9000多平方米，是一座包括五进院落，并配有楼台殿阁的庞大建筑群，其中大殿覆盖黄色琉璃瓦，显示出后土庙在古代的规制之高。除后土娘娘外，还供奉着道教的“三清”、真武大帝、送子娘娘、吕祖、关公等神灵。传说后土娘娘的生日是农历三月十八，这一天介休后土庙会举行盛大的后土庙会。以前庙会多为民间自发的祭祀，近年来已经成为介休市政府牵头组织的官方祭祀。庙会期间周边县市群众纷纷前来供献祭品、焚香祈福，还会聘请戏班进行酬神演出。除了祭祀活动外，庙会的另一大功能就是商品贸易，包括各种地方特产、特色小吃、生产工具、生活用品等，同时也吸引了很多杂耍班子前来献艺，人头攒动，热闹非凡。现在的介休后土庙会已经成为宣传和保护传统后土信仰文化的重要活动，为当地经济的繁荣、民众生活的调剂与改善起到了积极的作用。

后羿射日之地的三嵕信仰

三嵕信仰是晋东南地区特有且影响较大的民间信仰，是晋东南区域文化的重要载体之一。三嵕本为山名，位于山西屯留县，相传后羿射日于此。清光绪十一年（1885）《屯留县志》载：“三嵕山相传为羿射九乌之所。下有三嵕水，有泉，祷雨则应。唐志屯留有三嵕山，宋崇宁间赐庙额，封羿神为灵贶王。岁以六月六有司致祭，至今仍之。”三嵕山神在隋唐时期开始受到人们的信奉，后周世宗显德初年受到统治者的正式册封。宋徽宗钦赐屯留三嵕山神祠庙额“灵贶”，封后羿为“护国灵贶王”和“显应侯”，从此作为正祀列入国家祀典。此后明清两代也分别有皇帝对三嵕庙进行过册封，并在自然山神之外，又赋予三嵕神司雹之职。三嵕信仰本来是原始的山川信仰，在历史演化中三嵕山神逐渐被附会成为神话传说中的后羿。山西长治市长子县紫云山三嵕庙留存的北宋宣和四年（1122）碑刻《紫云山新建灵贶王庙记》载：“潞之长子县紫云山灵贶庙者，实出于屯留三嵕，盖山神也。或谓之后羿，或曰三王，语尤

下霍护国灵贶王庙

不经，莫可考据。”可见，在北宋时期三嵕神的身份还没有被正式确认。但在之后的发展中，到金元时期，三嵕神已基本等同于后羿神了。三嵕神主要的职能就是预防干旱、洪涝、冰雹等自然灾害，如清乾隆二十八年（1763）《长治县志》载：“三嵕……俗以为神司冰雹，故农民祀之最诚，乡村建庙甚多。”传说他正直无私、祷雨必应，非常灵验，因此深受当地人民的认可与推崇。

三嵕信仰的地理范围包含了晋东南大部分地区，以屯留老爷山三嵕庙为本庙，行祠广泛分布于长子、高平、壶关、长治、平顺、潞城、黎城等县市，尤以长子、高平为甚。长子县现存清代以前的三嵕庙共15处，其中大中汉三嵕庙、下霍护国灵贶王庙等被列入全国重点文物保护单位。大中汉三嵕庙坐落于长子县常张乡大中汉村永峰山，创建于元至元二十八年（1291），包含正殿、东西耳殿、东西配殿、戏台、舞楼等，占地800多平方米。现存正殿为元代遗构，其他为清代建筑。大中汉三嵕庙正殿内留存了绘有后羿神出巡场景的《护国灵贶王出巡图》80多平方米，是目前国内发现的唯一一幅此类题材的明清古壁画。耳殿内描述民俗、商旅活动的壁画则生动地反映了那个时代的人民生活，舞楼的墙上还保留着当年戏班演员写下的演出记录，成为研究当地庙会文化和迎神赛社的珍贵史料。下霍护国灵贶王庙位于长子县下霍村白云山，始建年代不详，由戏院和庙院两部分组成，包含山门、正殿、献殿、东西耳殿等，占地面积 2000 多平方米。现存正殿于金代建成，完整保留了当时的木作结构，其余建筑为清康熙年间重修。明清时期白云山护国灵贶王庙会曾与北京妙峰山庙会、河南浚县浮丘山庙会、山东泰山庙会并称华北四大庙会，可见其当时的规模和影响之大。高平市河西村三嵕庙是目前国内发现的最早的三嵕庙，创建年代不详，据庙内现存北宋天圣十年（1032）的碑刻记载，当时就已经是“堂廊峭峻，殿宇峥嵘”了。现在的河西村三嵕庙由正殿、献殿、山门、东西配殿、东西厢房、耳楼等组成，庙内现存北宋至清代的碑刻 12 通，记载了该庙历史上的修缮情况。

相传农历六月初六是后羿的诞辰，因此晋东南很多地方会在这一天举行祭祀三嵕神的活动，祈愿风调雨顺、农业丰收。很多信仰三嵕神的村庄还会进行“赛社”，各村之间相互比较谁家的供品更好、仪式更大。与其他大多数民间信仰相同，祭祀三嵕神的日子同时也是乡间集会、亲人团聚、集中贸易的日子，极大地丰富了当地群众的生产生活。在三嵕神的老家屯留县，除六月初六外，农历五月初一、七月初七也会举办祭祀三嵕神的活动。另外，有趣的是，当地人认为七月初七不只是牛郎织女相会之日，还是后羿与嫦娥相见的日子，因此很多青年男女这一天会到三嵕庙祈求姻缘。

古代傩舞的活化石：平定雩祭

在科学技术不发达的古代，山西人民饱受旱灾之苦，但又无计可施，只能寄希望于虚无缥缈的祭祀，幻想通过讨好上天达到风调雨顺的目的，因此特别重视各种求雨活动，形成了种类多样的祈雨习俗。其中平定雩祭以其古朴、粗犷的特色而成为平定古代最典型傩戏文化的珍贵遗产，2009 年 4 月 24 日被确认为第二批省级非物质文化遗产保护项目。

雩祭是古代祈雨的仪式，自殷商时期就开始流行，属于

平定雩祭

五礼中的吉礼之一，历代都被列为大祀之礼，是中国古老的传统民俗文化之一。“雩”字本义就是祈雨祭祀，如《左传》载：“雩，夏祭所以祈甘雨也。”《周礼·司巫》载：“雩，旱祭也。”《礼记》载：“命有司为民祈祀山川百源，大雩帝，用盛乐。乃命百县雩祀百辟卿士有益于民者，以祈谷实。”说明当时雩祭的对象既包括山水之神，也包括有功于人民的历史人物。先秦时期雩祭的基本仪式已经相对完备，此后各个朝代的雩祭仪式大致相同，都有设立祭坛、进献祭品、帝王祷告、巫师作法沟通上天等程序，只是细节略有不同。隋唐时期雩祭被列入郊祀大典，北宋时期列入大祀。清代以后，雩祭一般有定期和不定期之分，即常雩礼和大雩礼，常雩礼是国家祀典规定的必须由皇帝亲自参加的典礼，通常在农历四月举行；大雩礼则视旱灾出现情况而定，只有在旱情特别严重的年份，由皇帝亲自批准并祭告太庙后方可举行。

雩祭最早的形式是巫师跳舞。如《周礼·司巫》云：“若国大旱，则帅巫而舞雩。”《论语·先进》：“暮春者，春服既成，冠者五六人，童子六七人，浴乎沂，风乎舞雩，咏而归。”平定雩祭对中国古代这种傩舞形式保留比较完备，具有一定的代表性，据说可上溯至春秋时期的晋国。

平定雩祭，当地人又称为“魇马畀”，是山西省阳泉市平定县柏井镇一带流传的古老傩舞形式。平定柏井镇有大王庙，

供奉胡突和明灵两位大王，胡突是春秋时期晋国大夫，明灵是晋代的陶侃，马畀是大王出巡时的使者。过去，每到大旱之年，人们就会选一个壮年男子扮演马畀，他会假装癫狂，以示被马畀“上身”，传达大王的指令。祈雨仪式要经过“传圣旨”“迎驾”“扭驾”“马畀开山”“扇鼓祭神”等一系列的表演才能完成，还会在大王庙搭台唱戏，进行为期三天的酬神演出。

平定地区在古代是一片深山丛林，十年九旱，以前每到大旱之年，当地人就举行这种求雨祭祀仪式。“文革”期间平定雩祭曾一度中断，改革开放后逐渐恢复，现在每年的农历七月都会举行这一仪式。

农耕文明的保护神：牛王崇拜

牛是古代农耕社会最重要的生产资料之一，古人出于对耕牛的崇敬和感激，很自然就将其神格化，演变为民间的保护神。东晋文学家、史学家干宝在志怪小说《搜神记》中就有关于牛神的记载：“秦时，武都故道有怒特祠，祠上生梓树。秦文公二十七年，使人伐之，辄有大风雨。树创随合，经日不断。文公乃益发卒，持斧者至四十人，犹不断。士疲还息，其一人伤足，不能行，卧树下。闻鬼语树神曰：‘劳乎攻战？’其一人曰：‘何足为劳？’又曰：‘秦公将必不休，如之何？’答曰：‘秦公其如予何？’又曰：‘秦若使三百人被发，以朱丝绕树，赭衣灰坌伐汝，汝得不困耶？’神寂无言。明日，病人语所闻。公于是令人皆衣赭，随斫创，坌以灰。树断，中有一青牛出，走入丰水中。其后青牛出丰水中，使骑击之，不胜。有骑堕地复上，髻解被发，牛畏之，乃入水，不敢出。”怒特，意思是身强体健的牛，为怒特建祠庙，说明当时已经有了对牛神的崇拜。北魏郦道元《水经注》中也记载了武都故道县的怒特祠。到宋代，将保护耕牛的职责统于一神，称为“牛王”，其形象有牛首人身者，也有纯粹的牛或人。关于人身的牛神像，古代民间有一种附会，说乃孔子的弟子冉伯牛，宋代笔记《蓼花洲闲录》记载：“自有来中原者，云北方有牛王庙，画百牛于壁，而牛王居其中间。牛王为何人？乃冉伯牛也。呜呼！冉伯牛而为牛王。”冉伯牛成为“牛王”，大概是因为其作为孔子著名弟子之一，德行高尚，而且名字中带有“牛”字吧！

山西古代的牛王崇拜主要集中在中部、南部和东南部地区。由于地瘠民贫，耕牛十分缺乏，一旦发生瘟疫等灾病，人民就会蒙受巨大的损失，加上当地没有天然的草地作为牧场，养牛十分不易，因此牛王作为保护耕牛的神灵受到了广泛的崇拜，民众建立专门庙宇用以祭祀，希望牛王保佑消疫除疠、牲畜平安。牛王崇拜也成为山西极具地域特色的民俗现象之一。

临汾魏村牛王庙始建于元代，庙内正殿供有牛王、马王、药王，因此当地人又称为“三王庙”。牛王庙以其元代戏台最负盛名，该戏台建于元至元二十年（1283），是国内现存8座元代戏台中最早的一座木结构戏剧舞台，也是研究元代戏曲历史的重要实物见证，属全国重点文物保护单位。除元代戏台外，魏村牛王庙内建筑还有始建于元代、清代重修的正殿，以及明代修建的献亭等。当地传说，当年修建戏台时，村民都在睡梦中听到牛神指点，让他们各自将家中耕牛喂饱，早上起床

魏村牛王庙戏台

后发现自家的牛明明整晚都在圈中，却大汗淋漓，仿佛干了重活，去到牛王庙工地一看，两根石柱已然不知何时运抵，这才知道是牛王夜间命令他们的牛出去干了运输的活计。

魏村牛王庙庙会正日是农历四月初十，会期 10 天，从四月初七开始，至四月十六结束，规模盛大。祭祀仪式主要有：一、请戏班：以本地戏班为主，辅以外埠戏班。二、迎神，献祭，交牌：庙会正日前一日，举行仪式恭请牛王、马王、药王等三位神灵降临；庙会正日，周边村庄每村成立一“社”，每社献祭一头猪，上一年值年社首将主持牌交到下一年值年社首手中，然后戏台上演出酬神戏曲，庙会正式开始。三、送神：庙会最后一天，在献殿前跪拜，送“三王”重回上天。

现在，牛王庙庙会不仅有周边地区的民众参与，还有不少从全国各地慕名而来的游客，已经成为当地独具特色的民俗文化活动。

三眼四臂的灵官神将：马王爷

马是古代重要的交通、负重、作战工具，中国对马的崇拜由来已久。《周礼》中就有这样的记载：“春祭马祖，执驹；夏祭先牧，颁马攻特；秋祭马社，臧仆；冬祭马步，献马，讲驭夫。”可见，在距今 3000 多年前的西周时期就有了信仰马神的

马王庙及马王形象

习俗。到明代，出于推行马政的需要，崇奉司马之神，马神祭祀被纳入国家正祀体系中。在马政推行力度较强的北方地区，普遍建有马神庙，而且很多都建在官署旁边，由地方官员负责主持祭祀。

随着官方的大力推动，马神在民间也越来越得到认可。古代马的用途很广，除却战争之外，还能用作耕地、运输，因此无论官方还是民间，都把马当作重要的财富。马神俗称“马王爷”，传统的形象是三只眼睛、四条手臂，俗语“马王爷三只眼”，即源自此。《绘图三教源流搜神大全》中“灵官马元帅”一节介绍，马王爷原是至妙吉祥化身，如来“以其灭焦火鬼坟，有伤于慈”，将他降至凡间，“面露三眼，因讳三眼灵光”，出生后三天就能征战，斩东海龙王以除水孽，之后屡屡斩妖除魔，造福于民。因为马王爷有三只眼，而民间传说中商纣王的太子殷郊也是三只眼，如《封神演义》中就说他是“面如蓝靛，发似朱砂，上下獠牙，多生一目”，所以也有些地方把殷郊当作马王爷来供奉。关于马王爷的身份，民间还有一种传说，认为马王爷原型乃是汉武帝时期作为人质来到汉朝、因善于养马而被任命为马监的匈奴王子金日磾。

古人祭祀马王爷，最开始是为了保佑六畜兴旺，后来随着时代的发展，人们认为马王爷不但掌管马匹，能征善战，而且兼具求子、求财、升学等很多其他功能，同时还是掌管火的神灵。明清时期晋商足迹遍布大江南北，马匹是陆上运输货物最重要的交通工具，为了保佑商队长途跋涉人畜平安，多数晋商都信奉马王，以马王爷为保护神，每年农历六月二十三举行仪式，祭祀“马王圣祖”。

在榆次县衙建筑群中有一座马王庙，是祭祀马王爷的庙宇所在地，同时也是明清时办“马证”的机关。马王庙面阔五间，硬山顶，里面正中塑三眼四臂的马王爷像，左右配牛王、水草，东为桥神，西为路神。檐柱通天挂落二龙戏珠的木浮雕，两边雀替由草龙及博古图案构成，门楣上彩绘有 30 幅山水花鸟画。

“虫王”并不是真的虫：虫神崇拜

蝗灾是农业社会中危害最大的灾害之一，蝗虫来时遮天蔽日，啃食庄稼树木，导致很多地方农田颗粒无收。而且蝗灾往往是在水旱灾害之后发生，“蝗之为害，常与旱并”，之后由于饥荒常常还会并发瘟疫，各种自然灾害叠加，使得许多农民流离失所，甚至断粮饿死。据邓云特《中国救荒史》统计，秦汉蝗灾平均 8.8 年一次，两宋为 3.5 年，元代为 1.6 年，明、清两代均为 2.8 年。山西地处黄河流域的黄土高原，自古以来就是蝗灾频发的主要地区之一，据不完全统计，从西汉到清代，山西共发生重大蝗灾 186 次，平均每 10.96 年发生一次。直到今天，山西有时还会遭遇蝗灾。据史籍记载，蝗灾发生时经常出现“蝗不越境”的奇异现象，即某地发生蝗灾，相邻的其他地方却没有。清人褚稼轩所著《坚瓠集》就记载了这样一个故事：某地有两户人家的田地接壤，有一年发生蝗灾，蝗虫却都集中在西家的田里，不入东家之界。西家觉得古怪，趁夜捕捉了一包蝗虫放在东家的田地，第二天蝗虫竟全部飞回到西家了。古代人出于对蝗虫的恐惧和憎恨，以及蝗灾发生时这种奇异的自然现象，面对蝗灾束手无策，又无法理解，只好专门建庙祭祀，祈免虫灾。

过去全国各地都有八蜡庙、虫王庙和刘猛将军庙，现存大多数虫王庙祭祀的都是“刘猛将军”，清代文人袁枚《子不语·鬼多变苍蝇篇》曾言：“虫鱼皆八蜡神所管，只须向刘猛将军处烧香祈祷，便可无恙。”“刘猛将军”并非姓刘名猛，而是一位刘姓的猛将，关于他的身份有以下几种说法：1. 宋钦宗时出使金国，因金人欲将其留用，愤然自缢的资政殿大学士刘仲偃；2. 南宋时期抗击金国的名将刘锜；3. 南宋时期抗击蒙古，城破自尽的文州太守刘锐；4. 南宋光宗朝名臣刘宰；5. 元末官至指挥使，因元朝灭亡投河自尽的将领刘承忠。清朝雍正年间，直隶总督李维钧上书皇帝，将刘猛将军庙的神主定为元末刘承忠，因此，之后的虫王庙供奉的多为刘承忠。关于清代舍弃其他四位将军而独拜刘承忠这一事件，有学者认为，原因是其他四位均参与过抗金斗争，而金国与清同为女真族。

山西晋城市南石店村有一座虫王庙，供奉的虫王不是一般认为的刘猛将军，而是唐太宗李世民。《贞观政要》记载，贞观二年，长安一代发生旱灾，蝗虫大起，唐太宗认为是自己获罪于天，将几只蝗虫拿在手中说道：“人以谷为命，而汝食之，是害于百姓也。百姓有过，在予一人。尔其有灵，但当蚀我心，无害百姓。”说完不顾左右侍从官员的劝阻，将手中蝗虫吞入腹中，于是蝗虫退避，“不复为灾”。民间为了纪念唐太宗的这一举动，加上唐太宗有消除隋末战乱、重视农桑等伟大

的历史功绩，因此将唐太宗作为“虫王”。现存于晋城南石店虫王庙的咸丰六年（1856）《虫王庙新建拜殿重修舞楼看楼记》这样记载：“虫王为唐太宗，文武大圣大广孝皇帝。夫太宗除隋之乱，比迹汤、武，致治之隆，庶几成、康。考诸史实，其免租给复，遣使循省天下，亟急于民事，自汉以来未之有也。后之人以虫王祀帝，起于贞观二年三月庚午以旱蝗责躬，癸酉雨一事。”南石店虫王庙规模不大，现存均为清代建筑，包括正殿三间、两侧侧殿各三间、山门舞楼三间。

此外，山西长治市长子县太宗庙也和南石店虫王庙一样，把唐太宗作为虫王来祭祀。乾隆《潞安府志》载：“祠之建始有元之至正，历有明迄今，垂五百年。”光绪《山西通志》载：“长子县东南古城故址，俗名高庙。元至正六年有蝗，土人以帝尝吞蝗，立祠祷焉。岁四月八日，有司致祭。”

亦正亦邪、让人又怕又爱的多变狐仙

狐仙信仰是中国北方地区重要的民间信仰之一，先秦时期就已被人们崇拜。唐代以后，随着志怪小说、传奇故事等文学形式的兴起，狐神信仰在中国民间广为流传，从图腾崇拜发展成为民间信仰，影响非常深远，甚至传入东亚其他国家。

狐仙也称狐神，上古时期即有狐神之图腾崇拜，涂山氏、纯狐氏、有苏氏等部族均属狐图腾族。狐仙崇拜在中国历史非常久远，并且最早是作为祥瑞和吉兆的象征。《山海经》记载："青丘国在其北，有狐四足九尾，一曰在朝阳北。"《诗经·卫风·有狐》中的"狐"以男性配偶的形象出现。东汉赵晔《吴越春秋·越王无馀外传》中说，大禹当年三十岁尚未娶妻，到涂山时心有所感，遇到一只九尾白狐，于是迎娶涂山氏，后来生了儿子启，建立了夏朝。秦汉之后，对狐的描述开始转向妖魔化。《说文解字》载："狐，妖兽也，鬼所乘之。"将狐解释为鬼的坐骑。魏晋南北朝时期，志怪小说兴起，狐开始被拟人化，被赋予了人的外形和情感，拥有一定的法力。《玄中记》云："狐五十岁，能变化为妇人……千岁即与天通，为天狐。"《搜神记》中狐妖变幻成人类的故事多达 12 篇。唐代笔记小说《朝野佥载》云："唐初以来，百姓事多狐神，房中祭祀以乞恩，饮食与人同之，事者非一主。当时有谚曰：无狐魅，不成村。"可见当时狐神信仰之兴盛。此后至明清时期，狐神信仰一直广泛存在于民间，中国古典文言小说的集大成之作《聊斋志异》中狐精故事达 84 篇，占全部篇目的 1/6 之多。

中国古代传说中，狐的形象多变，善恶均有。作祟的狐妖有时化作美妇，专门魅惑世间男子；有时变成佛或菩萨形象，骗取供奉；有时因曾经被人打伤，挟怨报复。与此同时，又有许多狐妖本性善良，与人类产生了真挚的友情、爱情，甚至帮

助人类免除祸患。直到今天，乡间还流传着各种各样关于狐仙的传说。

在传统农业社会中，人们祭祀狐神，主要有以下几种目的：一是祈求平安，向狐神上供，以求它不要降灾于人；二是免除疾病困扰，求医问药；三是天旱求雨，狐神作为神通广大的神灵，在有些地方也被看作雨神；四是增加财运，中国北方曾经广泛存在的狐黄白柳灰“五大家仙”都可以带来财运，其中为首的就是狐仙。

山西的狐仙崇拜形式大多是在家祭祀，专为狐仙建庙供奉的不多，其中以五台山梵仙山梵仙寺最为知名。梵仙山位于台怀镇南，距大白塔约1公里，海拔1842米，风光秀丽，草木茂盛，号称“小南台”。金、元之际著名大诗人元好问有诗云：“灵蛇不与世相关，时复蜿蜒水石间。何处天瓢待霖雨？一龛香火梵仙山。”梵仙山过去是“放禄马”的地方。“放禄马”原本是流行于藏族地区的一种民俗活动，一般是在纸上或布上画上以宝马为主的神兽，在特定的时间、特定的地点进行抛撒，祈求平安。五台山放禄马习俗随着藏传佛教传入，1949年后一度消失，从2003年开始恢复。

梵仙山，本名“饭仙山”，早期是道教活动场所，后改为佛教道场，更名梵仙山。其上至今仍有佛道融合的痕迹，山顶梵仙寺设“大仙殿”，创建年代不详，明清两代历经多次重修，左右分别设观音殿、阎王殿、菩萨殿、药师殿。大仙殿分上下两层，窑洞式建筑，下层正中供奉狐老仙及夫人，左边供奉狐大爷及夫人、右边供奉狐二爷及夫人，上层石洞正中供奉狐大爷、左边供奉狐三爷、右边供奉狐四爷，传说一家都是得道成仙的千年狐狸。

梵仙山狐仙传说众多，流传较广、较有代表性的主要有两种。其一：古时候有一个信徒来五台山朝拜文殊，到达梵仙山附近时天色已晚，看见一个小屋亮着灯，敲门进去后，发现里面坐着一位老人。他向老人提出借宿的请求，老人欣然答应，并取出馒头供他食用。馒头吃完一个又会变出一个，怎么也吃不完。吃饱以后他就睡着了。第二天一觉醒来，信徒发现自己躺在荒野里。这才知道那位老人就是狐仙幻化的，专门来指点、帮助他。其二：有位秀才路经此地，天色渐黑，又累又饿，这时发现前面出现一座客栈，进去后里面有位非常漂亮的女子，不仅热情招待，而且与他同床共枕，欢度一宵。第二天，秀才醒来发现自己躺在荒野中，狐仙幻化的少女也踪迹全无。

当地传说，梵仙山几位狐仙各有神通，拜狐仙不仅能消灾祛病，而且可以带来美好姻缘，同时对事业也有所帮助。但也有很多人认为，狐仙脾气古怪，喜怒无常，有时会捉弄香客。狐仙庙讲究很多，当地人认为未婚者、女性来月经者等均不宜进入。

人神信仰

人类在童年时期就开始寻找自己的本原，由此出现始祖崇拜，形成人神信仰或始祖信仰。生前有功于人，死后成为民众信仰的神灵，这是人神信仰的准则。这些人神和始祖神在成为崇拜对象的过程中，勾勒出的是一幅三晋文明绵延漫长的发展史和文化史。这些凝聚远古神话和图腾信仰的重要人物与其相应的事件，早已成为中国传统文化的重要元素和承载山西文明的重要载体。

开世造物的大地之母：女娲信仰

女娲，中国上古神话中的创世女神，又称娲皇，是华夏民族的人文先始。《说文》："娲，古之神女也，化万物者也。"

女娲的主要功绩是抟土造人。《淮南子·览冥训》："天地初开，女娲抟黄土为人，剧务，力不暇供，乃引绳横泥中，举以为人。"因此成为人祖，媒神。《路史·后纪二》罗苹注引《风俗通》："女娲祷祀神，祈而为女媒，因置婚姻。"其次是补天。《列子·汤问》："天地亦物也，物有不足，故昔者女娲氏炼五色石以补其阙；断鳌之足以立四极。"因此，女娲被奉为三皇之一。《史记·补三皇本纪》："金木轮环，周而复始，特举女娲以其功高而充三皇，故频木王也。"女娲开世造物，因此被称为大地之母，是被民间广泛、长久崇拜的创世神和始祖

神。民间多建有女娲庙、人祖庙，有些娘娘庙也供女娲，成为民间求子之神。

在山西境内存在大量女娲遗迹，位于壶关县、陵川县之间太行大峡谷以南的娲皇岭就是一处非常重要的女娲活动遗迹。这座山岭高耸入云，气势磅礴，由西向东，匍匐延伸，长达数十公里。山岭中段有娲皇庙一所，在原来正殿的西墙镌有石碑一块，记载着这座庙宇的古老历史。遗憾的是，由于曾经用石灰水粉刷过碑面，导致碑文字迹漫漶，未能拓制成拓片以供研究。

娲皇岭与太行山别名“女娲山”“皇母山”存在着直接关联。南宋罗泌《路史》载：“女娲又曰皇母。注曰：太行一曰皇母山，亦曰女娲山。”崔伯易《感山赋序》中记载，太行一曰“皇母”，一曰“女娲”。又据《泽州府志》卷六《山川》中有“阳城县·莽山”：县东南四十里。谓汉光武帝追王莽至此。俗称“王莽山”……田氏曰:《水经注》沁水以西为王屋山，则

此山为王屋。据以上记载可见，以“女娲山”命名太行山的重要原因是在距今八九千年的远古时期，人类在遭受严重洪水和地震灾害后，女娲在太行山地区进行了长时间、大范围的抗震救灾活动，拯救了无数中华儿女的宝贵生命。

神话传说就是历史的影子。千百年来，女娲“炼石补天”和“兄妹成婚”等传说广为流传。女娲、伏羲兄妹成婚故事中所说的“昆仑山”实际上就是指西北地区“昆仑山”余脉延伸所至的山西太行山地区。古代山西“土瘠民淳，俭而好礼。不经之祀，绝而弗尚”。太行山地区的人民不仅在当年女娲所经行和活动过的地方修建庙堂、行宫以供祭祀，而且把她居住过、活动过的“太行山”易名为“女娲山”“皇母山”，可见女娲在这里所受的尊重。据《列子·汤问》记载：“其后共工与颛顼争为帝，怒而触不周之山，折天柱，绝地维。故天倾西北，日月星辰就焉；地不满东西，故百川水潦归焉。”此文记载所说“天倾西北，地陷东南”的情况，在山西晋东南太行山地区很多地方都可以看到。不少山脉断层纹理呈现西北高、东南低的倾斜降低状态。这种地质结构只能是远古时期地球大陆板块互相冲撞，造成边缘断裂、抬升所致。从这点可看出中国古代神话传说中掺杂、混合着中华民族祖先对远古人类灾难历史的久远记忆。

位于山西吉县的人祖山，山势雄伟壮观，风景秀丽多姿，植物群落丰富，不仅保存着古老的原始森林，还有众多人文遗迹。山中历代庙宇多达200多处，最负盛名的是建有娲皇宫和伏羲殿的人祖庙，建在峭壁绝顶的玄天上帝庙，俗称“高庙”和“孔山寺”。因而，人祖庙也成为中国现存最早的祭祀女娲、伏羲的场所遗址。

娲皇宫大门前有块天生巨石，有“卧云石”“补天台”“娲石”之称，上下两层，均有方圆石窝一组。有学者认为是伏羲仰观于天，俯察于地，产生“天圆地方”观念的表达。这里还有女娲、伏羲兄妹测天意而合婚所留下的滚磨沟、穿针梁，以及真正意义上的“洞房”；有女娲抟黄土、用泥绳造的上、下

人祖山

造化坪。更有位列 2001 年中国考古十大发现之首的距今万年之久的柿子滩旧石器时代遗址和新近考察发现的水獭坪等古人类文化遗址群。这些遗址群以及种类繁多的新旧石器陶片等文物，使女娲、伏羲的口头传说成了有历史确证的事实，奠定了他们中华始祖的地位，人祖山也成为“中华人祖圣山”的代名词。

华夏农耕文明之始祖：炎帝神农

炎帝神农尝百草

神农，亦称连山氏、列山氏，是农业的发明者。相传炎帝牛首人身，他亲尝百草，用草药治病，发明刀耕火种，创造了两种翻土工具，是中华民族的人文初祖。作为华夏农耕文明的缔造者，炎帝对中华民族的生存繁衍和发展做出了重要贡献。炎帝部落和黄帝部落联盟，共同击败了蚩尤部落，中华民族自称炎黄子孙。炎黄二帝是中华民族团结、奋斗的精神动力。

在 7000 年前的远古时期，姜姓部落首领由于懂得用火而得到王位，所以被称为炎帝。神农炎帝在以羊头山为中心的上党地区兴稼穑、尝百草、制耒耜、创医药，开创了农耕文明，亦被后人尊称为农耕与医药的始祖。《尚书大传》云："燧人为燧皇，伏羲为戏皇，神农为农皇也。"

上党地区现存有关炎帝的庙宇 53 座，其中在高平有炎帝行宫、炎帝寝宫、炎帝中庙等庙宇院落 35 座，分布密集且年代久远，上至魏晋隋唐，下至清末民初，这些在全国都是首屈一指的，也是高平炎帝文化独特优势和雄厚资源的生动体现。

高平作为炎帝活动的主要区域，历朝历代有关史书记载炎帝活动的文字非常丰富。从春秋时期《管子・轻重戊》、战国时期《山海经・北山经》，到明代《山西通志》、明万历《泽州府志》、清顺治《高平县志》等，有关高平的炎帝文化在史书记载中十分完整，历史脉络根源清晰可见。其中北宋《太平寰宇记》中记载："羊头山，在县北三十五里。《山海经》云，神农尝五谷之所，山形像羊头。"这是先秦文献中唯一记载神农尝百草的准确地址。高平境内记载有关炎帝活动的碑刻数量众多、分布广泛，时间跨度久远。现存石碑 110 余通，上起魏晋，下至清末民初。其中武则天天授二年（691）的泽州高平县羊

民间祭祀神农炎帝大典

高平炎帝陵

头山清化寺碑，刻有“炎帝之所”字样。唐天祐七年（910）墓志铭，现存于庄里头村的明万历三十九年（1611）炎帝陵碑等，均明确记载有炎帝陵的相关内容，在全国绝无仅有。

作为中华民族发祥较早的地区，上党有可能有过炎帝神农氏的后裔。上党地区今有两座以“羊头”命名的山岭，一是长治县的羊头岭，也称黎岭，传说是炎帝建都的地方。二是长子县和高平市交界的羊头山，山上有神农城、神农泉、炎帝行宫和炎帝陵等遗迹。此山海拔2000米，危峰秀拔，势凌霄汉，因山形似羊头而得名。最早记载是唐李吉甫撰的《元和郡县图志》卷十五引《后魏·风土记》:“神农城在羊头山上，山下有神农泉，即神农得嘉谷之所。”唐武则天天授二年（691）重修，改名清化寺。《重修清化寺碑》称:“此山炎帝之所居也……人钦圣德，号曰神农。历代崇恩，峰亭享庙。”后人建造的炎帝行宫在羊头山麓故关村，庙院门楣条石上方刻有“炎帝行宫”四个大字。庙殿规模可观，庙内和院内分别竖有明清时代的五通石碑，记载着几次重修炎帝行宫之事，以明成化十一年（1475）为最早，记载有“神农炎帝行宫，盘基在故关里村前，肇基太古，无文考验，祠在换马村东南，现存坟冢，木栏绕护，然祠与宫相去几百余步也”。

炎帝陵碑在羊头山下换马村东南的庄里村，原镶在五谷庙院东厢房一面墙内，碑高95厘米，宽66厘米，底座长90厘

老顶山炎帝像

米，碑面正中刻有“炎帝陵”三个大字，时间为明“万历三十九年（1611）孟夏吉旦”，相传炎帝就是在此尝了断肠草气绝身亡的。还有神农井、神农庙、五谷畦、神农洞、神农祠等一系列独特的炎帝文化古建筑群，形成了炎帝神农氏从生产、生活到安葬以及后人祭祀等完备的炎帝文化体系。

关于炎帝祭祀活动由来已久，尤其在高平民间相传甚广。据《元史·成宗本纪》记载：“元成宗大德九年亦尝遣祭，禁樵采。”该记载说明在元代皇帝曾派官员到炎帝陵祭祀。据《泽州府志》《高平县志》记载，每年四月初八官方都要举行祭祀炎帝的活动。民间祭祀更为普遍兴盛，羊头山相传每逢庙会之日，民众都要敲锣打鼓，由社首抬着炎帝像到附近村社出场，场面宏大，民间流传有“走扬州，下汉口，不如五谷庙里当社首”的说法。而流传甚广的有关炎帝的神话传说和民间习俗，早已世世代代渗透进民众生活的诸多方面。特别是在羊头山周围，很多地名、村名都同炎帝有着千丝万缕的联系。当地还流传着许多同炎帝相关的民俗，最突出的是对羊的崇拜。每年农历大年初二祭祀牛羊的“牲口出行”，意味着一年的开始；每年农历七月十五中元节，用白面蒸面羊敬献到炎帝像前，祈求炎帝保佑五谷丰登。

古代传说中的三位圣王：尧、舜、禹

定历法开禅让之先河：帝尧

尧，又称唐尧，是帝喾高辛氏之子，祁姓，名放勋。尧是传说中上古时期部落联盟首领。尧出身不凡，13 岁被封为陶

帝尧像

国国君，因圣贤，治理国家有功，当时的帝王挚便封尧更多国土，并将陶改为唐（山西临汾），成为陶唐部落首领、炎帝部落联盟首领。后来，由于帝挚沉迷于声色，疏于治国，各诸侯便举尧为帝，时年 20 岁。尧治理国家期间，与民同呼吸，共命运，深得百姓拥护和爱戴。尧最初居住在冀方（河北唐县），后因洪水泛滥，五谷不登，百姓困顿，帝尧率领子民们由山东、河北一带迁徙至山西平阳一带，也就是今天临汾尧都区一带。

《史记·五帝本纪》《尚书·尧典》记载了尧的事迹。这些记载歌颂他敬慎节俭，经纬天地，宽容温和，诚实恭勤，善能谦让，光照四方。他德才兼备，能使家族和睦，又能明辨百官善恶，使天下协调和顺，人们友好相处。尧“敬授民时”，制定历法，他派羲仲、羲叔、和仲、和叔居住在东、南、西、北四方，观测日出日落，斗转星移，以定春分、夏至、秋分、冬至。还利用加闰月的办法确定春、夏、秋、冬四季来成岁，由此引导人们的生产生活。相传尧老年时禅位于舜，后把两个女儿娥皇、女英嫁给舜。尧开创了禅让制的先河。《论语·尧曰》记载孔子讲尧、舜、禹依次禅让的历史：“尧曰：‘咨！尔舜，天之历数在尔躬，允执其中。四海困穷，天禄永终。’舜亦以命禹。”

尧，建唐国初都太原，千百年来在太原一直留有丰富的

民间祭祀尧帝大典

口碑传说，当地志书、碑记多有记载。《史记·五帝本纪》正义中引《宗国都城记》云：“唐国，帝尧之裔子所封，汉曰太原郡，在古冀州太行恒山之西，其南有晋水。”《汉书·地理志》载：“晋阳本唐国，尧始都于此。”唐尧初，建都于太原，所以太原有了“唐”和“唐国”的古名。《说文》解释唐为“大言也”。《白虎通·号》解释为：“唐，荡荡也，道德至大之貌也。”由此可见，“唐”本意为“大话、豪言、命令”，引申意为道德至大之人说的话、发布的命令。尧，正是这样的人杰。

尧定都平阳后，依托黄河、汾河流域的优越条件，协和万邦，为推进华夏文明发展做出了不朽功勋，为后世所景仰。作

临汾尧庙

为上古圣贤，帝尧早在汉代时就被列为国祀对象之一。有关国家祭尧最早的文献记载是《后汉书·祭祀志》。据载，东汉年间光武帝刘秀曾召集三公议“汉当郊尧”，但因侍御史杜林说“汉起不因缘尧”而搁浅。到了东汉元和二年（85）二月，汉章帝遣使带着太牢（指牛、羊、猪三牲完备的祭品）祭帝尧于济阴成阳灵台，开启了由朝廷组织进行的祭尧活动。之后，魏晋时虽不断建庙祭祀，但均未列入国家祭礼。一直到了北魏孝文帝太和二十一年（497），孝文帝遣使者带着太牢赴平阳尧庙进行祭祀，首次从国家层面举行了祭祀活动。从古至今，临汾祭尧的活动场所很多，但规模最大、最重要的还要数尧陵和尧庙。

尧陵，位于临汾市尧都区城东北35公里处，尧去世后葬于此地。尧陵坐北朝南，墓冢呈圆形，陵高50米，周长300余米，四面环山，三面傍水，固有“山环水绕土一丘”之说。祠宇依丘而建，布局紧凑，木雕精细，古柏郁葱覆盖，清流环绕而过，景色秀丽壮观。

尧庙，位于临汾市秦蜀路南端，为山西省重点文物保护单位。据史料记载，尧庙始建于西晋。旧址在汾河以西，西晋元康年间迁至汾河东岸。唐显庆三年（658）迁今址。一开始尧庙规模不是很大，但经过历朝历代的修建和补葺，规模逐渐扩大。特别是元明之后，尧庙进一步扩建为三圣庙，以纪念尧、

临汾尧庙内景

舜、禹三位圣王。广运殿是尧庙的主殿，以“广以配天，运以载地”寓意尧的天高地厚之功德。该殿气势宏伟、装饰华丽。尧庙之内设立有祭祖堂，供奉着尧、舜、禹后裔姓氏牌位，涵盖了百家姓之大部分，以便来这里祭祀的人从中了解自己的祖先，知道自己的血脉以寻到血缘之根和精神之魂。

中华文明的“直根”在哪里？最早的“中国”在哪里？近年来陶寺考古的重大发现为我们探寻文明之源提供了科学线索。陶寺遗址位于山西省襄汾县陶寺村南的塔尔山西麓，是中国黄河中下游地区以龙山文化类型为主的遗址，被许多学者认为是帝尧都城平阳所在，即最早的“中国”。

陶寺遗址观象台

考古学家苏秉琦先生曾这样评价：“陶寺文化不仅达到了比红山文化后期社会更高一阶段的‘方国’时代，而且还确立了在当时诸方国中的中心地位，它相当于古史上的尧舜时代，亦即先秦史籍中出现的最早的‘中国’，奠定了华夏的根基。”2003 年发现的圆体夯土，其建筑形状奇特，结构复杂，附属建筑设施多，规模宏大，是迄今为止发现的最大的陶寺文化的单体建筑。据推测，其功能与《尚书·尧典》中“敬授人时”的观天象和祭祀有关，也是作为“王都”的必备要素。因此，作为大型的、功能齐全的史前聚落的陶寺遗址，对于探索中国古代文明的起源和尧舜时代的社会历史具有重大意义。

中华“孝道”文化之鼻祖：帝舜

帝舜，又称舜帝、大舜，因其祖先曾封于虞地（今永济虞乡镇），故又称虞帝，以孝闻名于世。舜是中华民族共同始

舜帝陵像

祖之一，父系氏族社会后期部落联盟首领，“三皇五帝”之一。

相传舜帝家境贫寒，自小就从事各种体力劳动，历经坎坷。加之父亲、后母和后母所生之子对其迫害，他虽屡经磨难，仍和善相对，孝敬父母，爱护异母弟弟，深得百姓赞誉。在舜青年时代，因为能对虐待、迫害他的父母坚守孝道，故为人称道。舜“耕历山，渔雷泽，陶河滨”。因其品德高尚、有韬略，深受帝尧赏识，30岁即为帝尧重用，后尧卒崩，舜守制三年后践帝位，建都蒲坂（今永济蒲州）。后来，舜禅位给治水有功的禹。禹在风景秀丽的鸣条岗西端“老龙头”为舜帝建了离宫（离乐城、皇城），让他在此颐养天年。舜死后，禹遵

舜帝陵庙

舜帝陵

循舜的遗训，将舜葬于鸣条岗离宫前。后人在此修建了舜帝陵庙。

舜是中华道德文化的鼻祖。《史记》所载：“天下明德，皆自虞舜始。”舜帝文化精神之魂在于“德为先，重教化”，成为由野蛮走向文明的历史转折的重要推手，成为中华文化三座里程碑之一。舜与尧一样，同是先秦时期儒、墨两家推崇的圣王。舜对于儒家的意义非同一般，儒家的学说特别重视孝道，而舜帝也是以孝著称，他的人格形象正好是儒家伦理学说的典范。孟子极力推崇舜的孝行，倡导人们努力向舜看齐，做舜那样的孝子。孟子云：“舜，人也；我，亦人也。舜为法于天下，

可传于后世，我由未免为乡人也，是则可忧也。忧之如何？如舜而已矣。”“舜的大孝感动天”一直位列二十四孝之首，构成了中华民族世世代代“百善孝为先”的伦理基础。考古发现的二十四孝图，以晋南稷山马村宋金砖雕墓中四周回廊下泥塑最为精美，东南角第一块砖便是“舜孝动天”。其头戴无脚幞头，身着长衫，腰束带，侧身立于一旁，役使象，猪耕田，有二鸟飞于空中。舜帝成为中华民族的“德圣”“孝祖”。由于儒家的宣传，舜的传说对中国文化传统有着极为深刻的影响。

文献记载中有关对舜的祭祀最早为隋代。《文献通考》明确指出，隋代官方以河东解州为舜帝的祭祀地。舜帝陵，位于

舜孝慈亲图

运城市鸣条岗西端俗称“老龙头”的地方，也称舜帝庙。

划九州创“国家”之贤王：大禹

禹，夏后氏，史称大禹、禹帝，夏后氏首领，是中国上古时代著名的治水英雄。禹，还是夏朝的第一位天子，因此后人也称他为夏禹。作为中国古代传说时代与伏羲、黄帝比肩的贤圣帝王，他最卓著的功绩就是历来被传颂的治理滔天大水，划定九州，建立夏朝。从夏启开始，历代帝王大都去禹陵祭祀大禹。

相传三皇五帝时期，黄河泛滥，浩浩荡荡，淹没了庄稼、山岳、人民的房屋，导致人们流离失所。帝尧在诸侯长们的推荐下启用禹的父亲鲧治理洪水。鲧采用了《国语·周语下》所记共工的办法，“壅防百川，堕高堙庳”，即削平高丘，填塞洼地，对洪水围追堵截，不给洪水出路，结果以失败告终。尧的助手舜行视鲧治水无功，将他诛杀在羽山。这期间，帝

大禹像

尧将帝位禅让给舜，舜命鲧的儿子大禹继续治水。禹聪明勤劳，仁爱可亲。他说起话来声音和悦，后来他的举止行为都成了人们的榜样。

禹听从帝舜的命令与后稷一起，吩咐诸侯百官发动百姓一起治理洪水。从冀州开始，禹踏遍九州实地考察，并吸取父亲鲧治水失败的教训，在此基础上，禹改革治水方法，采用因势疏导的办法治理洪水，利用水向低处流的自然趋势，疏导了九河。

治水期间，禹翻山越岭，从西向东，一路测度地形的高低，竖立标杆、规划水道。他带领治水民工走遍各地，根据标杆逢山开水，遇洼筑堤，以疏通水道，引洪水入海。他亲自率领百姓风餐露宿，整天在泥水河里疏通河道，留下“三过家门而不入”的历史佳话。经过 13 年的艰苦劳动，消除了中原洪水泛滥的灾祸，疏通了 9 条大河，使洪水沿着新开的河道流入大海。在治水的同时，大禹和治水大军还大力帮助老百姓重建家园，修整土地，恢复生产，使百姓过上了安居乐业的生活。因为禹治水有功，人们为表达对他的感激之情，尊称他为“大禹”，意即“伟大的禹”。

大禹治水时便“划为九州”。禹走遍天下，对各地的地形、习俗、物产等了如指掌。禹重新将天下划为九州，并制定了各州的贡物品种。禹还将距天子帝畿五百里以外的地区按距离从近到远分为甸服、侯服、绥服、要服和荒服，在这几个区域实

大禹渡

行不同的纳物服役政策。帝舜在位33年时，正式把天子位禅让给禹。17年后，舜在南巡中逝世。三年治丧结束后，禹避居夏地的一个小邑阳城，将帝位让给舜的儿子商钧。但天下的诸侯都离开商钧，去朝见禹王。在诸侯的拥戴下，禹正式即王位，居住在阳城，国号夏。改定历日为夏历，以建寅之月为正月。《说苑》记载大禹“卑小宫室，损薄饮食，土阶三等，衣裳细布”。禹在位的第十年东行，到了会稽山后去世，禹去世后，其子启继夏朝天子位。

大禹治水的故事早在周代就已广为流传了。《史记·五帝本纪》记载了舜帝任用诸位大臣之事，各自都建功立业，而“唯禹之功为大”，他“披九山，通九泽，决九河，定九州，各以其职来贡，不失厥宜。方五千里，至于荒服”。大禹十余年间走遍中国，他不畏艰难，坚持治水；他无私奉献，为百姓着想；他克勤克俭、自强不息的民族精神世世代代影响着华夏子孙，也祖祖辈辈塑造着中国人的精神面貌。从古至今，大禹渡成为大禹治水精神的象征，也是黄河两岸唯一以大禹冠名的千年古渡。

夏禹是为中华民族做出重大贡献的伟大历史人物。他的重大功绩不仅在于治理洪水，恢复国家生产，使人民安居乐业，更重要的是结束了中国原始社会部落联盟首领的社会组织形态，创造了“国家”这一新型的社会政治形态。夏禹完成了国家的建立，用阶级代替原始社会，以文明社会代替野蛮社会，推动了中国帝王历史的沿革发展。

绵延 4000 年的联姻遗风：娥皇、女英信仰

娥皇、女英信仰是关于远古时期尧、舜联姻的传说，这一信仰就发生在山西洪洞县羊獬村和英神山之间，历史久远。传说娥皇和女英是帝尧的两个女儿。女英出生时坠地能坐，三日能行，五日能言，满月善针织，百日通天文，达地理。帝尧认

三月三羊獬村接姑姑仪式

为女英出生的地方吉祥，于是将周府村改为羊獬村。后来，帝尧将王位禅让给虞舜，并将两个贤惠的女儿嫁给舜，以辅助其治国理政。洪洞县传承久远的娥皇、女英信仰就是由尧舜始祖信仰延伸而来的。“接姑姑、迎娘娘”这一奇特的上古遗风将两地人民从地缘关系上升为亲缘关系，且绵延4000年从未间断，这在中国历史上也是罕见的，已被列入国家级非物质文化遗产名录。

羊獬村原名周府村，在洪洞城南三十里许，其得名于一只神兽。《洪洞县志》记载：“神羊生獬处，在城南三十里羊獬村，相传尧时羊生獬豸于此，其地周围多细沙，草木不生。”獬豸又称独角兽，古代汉族神话传说中的瑞兽，相传形似羊，四

足，头上有独角，性直，知人善恶，善辨曲直，被民间视为公正的化身。

羊獬村，被认为是尧的行宫，娥皇、女英二妃的娘家。地处汾河以西的历山（亦称英神山）则被认为是舜和二妃的住处，距离羊獬村三十多公里。正因为羊獬人是尧王的后代，所以他们称两位女神为“姑姑”，称尧为爷爷；而历山人是舜王的后代，他们称两位女神为“娘娘”（这里的“娘娘”不是皇妃，而是对奶奶的称呼）。从此，两地人结为皇亲，互为亲戚。羊獬人要比历山人高一个辈分。羊獬、历山两地因为尧、舜的联姻，几千年来，神奇的走亲活动从未中断过。

每年农历三月初三，这两个村落都会举行“接姑姑、迎娘娘”的走亲活动。在礼炮和三眼铳的奏鸣中，羊獬村带队的纠首们一起跪拜河神、敬香叩首，从当地的神庙里抬出娥皇、女英两位女神的驾楼，然后鸣锣开道、仪仗护持。再配上“威风锣鼓”和响彻云霄的铳炮，队伍浩浩荡荡地走出村庄，越过汾河，登上历山。沿途共有 22 个村落的百姓参与其中。每到一个村庄，村里的百姓同样敲锣打鼓，迎来送往。各家各户争相施舍茶饭，热情款待。无论走到谁家，上菜、敬酒、喝茶、聊天……互相敬重，和睦融融，这恐怕就是传说中的尧舜遗风吧！翌日，队伍从历山神庙里接回两位女神的神像后，便会先绕行至万安镇（古称国家堡，亦称姚丘）住一宿，再慢慢回到

洪洞县羊獬村“接姑姑、迎娘娘”仪式

羊獬村。至此，走亲活动的上半段宣告结束。等到农历四月二十八（尧王生日），历山的队伍会来到羊獬村，在娥皇、女英住过一阵子给父王过完寿诞之后，再将两位女神的神像抬回历山，途中场面热闹非凡，可与三月三媲美。入夜，接亲活动接近尾声，每一位羊獬人在离开唐尧故园时都会点一炷高香，举在手中回到家里，这意味着娥皇、女英两位姑姑也被接回到了家里，一年当中，两位姑姑会保佑全家人百病不侵、万事顺意！这一来一往的村落游移，已经成为中华优秀民俗的活化石。且有古联为证：“父帝王夫亦帝王，姐皇后妹犹皇后。”

除了每年三月三、四月二十八“接姑姑、迎娘娘”活动之外，每年六月二十八娥皇生日、九月初九女英生日期间，两地百姓也互相走动，自愿前往历山为她们祝寿。这一奇特的民间走亲传统，不知起于何时，只是据闻绵延传承了4000年之久，直至今天。纵观这一盛大的传统习俗，尧、舜以及娥皇、女英是这一民俗信仰中慈爱、亲情和神圣的化身，圣贤和娘娘既是他们心目中的祖先，也是所有人理想人格的象征。父慈子孝、夫和妻顺、邻睦友信、勤俭持家、效力国家的观念根植在这些普通百姓的血脉里。

割股奉君的晋国忠臣：介子推

介子推，又名介之推，介推，后人尊为介子，春秋时期晋国名臣，是中华文化忠义精神的一个缩影。介子推，作为不慕虚名、不计报酬的晋国忠臣，留下了很多经典故事，在民间广为传颂，如“割股奉君”“割股充饥”“辞官不言禄”“功成身退”等。介子推死后葬于介休绵山，其墓位于山西省介休市绵山介公祠之上一圆形山丘。对于介子推的死，晋

介子推像

文公重耳深感愧疚，遂改绵山为介山，并立庙祭祀。

早年重耳出亡时，先是遭父亲献公追杀，后又被兄弟晋惠公追杀。重耳经常食不果腹、衣不蔽体。据《韩诗外传》记载，有一年重耳逃亡到卫国，一随从偷光了食粮，逃入深山。重耳无粮，饥饿难忍，遂向田夫乞讨，田夫非但不给，还将重耳戏弄了一番。重耳饥困交加，此时却不见了介子推的身影，有人说他临危逃脱，重耳不相信介子推是那样的人。果然，过了一会儿，介子推给重耳端来碗肉汤。重耳狼吞虎咽地吃完后，才知是介子推躲到山沟里将自己腿上的肉割下来一块，与采摘来的野菜一同煮成汤给重耳喝。重耳大为感动，表示有朝一日做了君王，一定要好好报答介子推。

经过 19 年的逃亡，重耳从逃亡者变成了晋文公，时值周室内乱，“未尽行赏”，便出兵勤王，“是以赏从亡者未至隐者介子推”。对此，介子推没有像壶叔那样主动请赏，他说，晋文公返国，实为天意，忠君行为发乎自然，没必要得到奖赏，并以接受奖赏为耻辱，狐偃等“以为己力”，无异于“窃人之财”的盗贼，故“难于处矣”。介子推无视狐偃等人的夹辅之力是错误的，但其中丝毫没有对晋文公的怨恨，更没有对功名利禄的艳羡，只有对狐偃、壶叔等人追求荣华富贵的鄙夷。有些并未跟随晋文公逃亡的人为了升官也借机来请赏，对此，介子推很气愤。为了避免让晋文公为难，介子推远避绵山成为一

介子推与其母塑像

名隐士。人们赞赏介子推的行为，同时也对重耳表示不满，于是有人在晋文公的门上挂了封信，信中写道：“有龙矫矫，顷失其所。五蛇从之，走遍天下。龙饥无食，一蛇割股。龙返其渊，安其壤土。四蛇入穴，皆有处所。一蛇无穴，号于野中。”晋文公见信后恍然大悟，感到很对不起介子推，遂派人召介子推出山受封，子推不从，带着母亲隐入绵山。

晋文公求人心切，遂听取小人之言，下令三面焚山，没料到大火烧了三天，周围绵延数里，火势三日才熄，但终究连介子推的影子也没见着。后来有人在一棵枯柳树下发现了介子推母子的尸骨，晋文公悲痛万分，在介子推的尸骨前哭拜好一阵，然后下令安葬遗体。这时发现介子推脊梁堵着个柳树洞洞口，洞口藏着什么东西，掏出来一看，原来是片衣襟，上面题了一首血诗：“割肉奉君尽丹心，但愿主公常清明。柳下做鬼终不见，强似伴君做谏臣。倘若主公心有我，忆我之时常自省。臣在九泉心无愧，勤政清明复清明。”晋文公将一段烧焦的柳木带回宫中做了一副木屐，每天望着它叹道：“悲哉足下。”“足下”一词成为下称上或同辈相称的敬辞，据说是来源于此。

传说介子推母子被山火烧死后，晋文公命随从收拾他们的遗物，依山为其建墓。介子推墓居高临下，放眼四望，晋国山川尽收眼底。墓地松柏耸立，并有元、明、清历代碑刻数通。公元前 635 年，晋文公领着群臣，素服徒步登山祭奠，表示哀悼。行至坟前，只见那棵老柳树死而复活，绿枝千条。晋文公望着复活的老柳树，像见了介子推一样，敬重地走到跟前掐下一枝，编了一个圈戴在头上以示怀念。他还下令全国将介子推被焚烧的三月五日定为火禁日，禁止烟火，仅食寒食，这就是民间广为流传的“寒食节”的来历。

寒食节的来历说法不一。禁火并寒食的习俗，其起源可追溯至周代。从先秦的文献记载中可知，当时已有比较严格的禁火制度，从官方到民间都有改火的习俗。《周礼》中明确记载当时有“司炬”一官，每当仲春季节，气候干燥，不仅人类保存的火种容易引起灾害，而且春雷发生时也容易引起山火。古

介休绵山

人要在这个季节进行隆重的祭祀活动，把上一年传下来的火种全部熄灭，即是“禁火”。然后重新钻燧取出新火，作为新一年生产与生活的起点，谓之“改火”。在禁火与改火期间，人们必须准备足够的熟食以冷食度日。这一习俗成为一个固定的节日是从晋国时开始的，距今已有两千多年的历史。大约在东汉时期基本定型，并成为山西中部地区重要的民俗节日。到三国时代，寒食节禁止火食的强烈程度依然保持着，且有在山西全境扩大的趋势。由于民间普遍推崇介子推的“忠孝”精神，老百姓乐意将寒食节与介子推联系在一起进行纪念活动，介子推的忠孝故事也一同流传至今。

早于大禹治水的汾河水神：台骀信仰

台骀是中国古史记载中的上古治水英雄，大约出现在黄帝之后，大禹之前，最早以汾河水神的身份出现于《左传》。被历代视为治水英雄的台骀活跃在山西境内，明清山西许多地方志中均有记载，民众记忆中也一直流传。其传说信仰起源于汾河下游晋南地区。相传，他疏导汾河、涑水河水患，修筑堤坝，获封于汾川，卒后被尊奉为汾河之神，受到汾河流域民众的世代祭祀。由于台骀治水早于大禹治水，被称为中国最早的水利工程师，但其声名却不及大禹。在明清宗族发展的背景下，作为汾河之神的台骀以张氏宗族第三代始祖的身份被拉进张氏宗族系谱。

台骀神庙在汾河流域先后建有多处，据不完全统计，有侯马、汾阳、介休、宁武、太原晋祠和王郭村 6 座。在这 6 座庙宇中，现在汾阳、介休二庙已不复存在；而位于今侯马市西北、汾河滩地南侧，以台骀命名的台骀庙建筑群，则是汾河流域最早、规模最大的一处祭祀汾神的建筑群。庙宇坐北朝南，占地面积 7000 余平方米，其建筑形式独特，为城堡状。

对台骀的祭祀最早是由先秦时期沈、姒、蓐、黄四个分支部落一直祀奉着，但史料没有关于建台骀庙及祭祀的文字。自

从晋国消灭了沈、姒、蓐、黄四个小国以后就没有人祭祀台骀了。后来再开始祭祀台骀当是晋平公时，关于晋平公创建台骀庙的位置，史书并没有记载，大概在晋国统治的中心，以及汾、洮流域一带。汾河流域皆有祭祀汾神的传统，发展顺序是由南到北、由汾河下游至汾河上游依次而上。现存太原晋祠、王郭村及宁武的台骀庙，规模皆不及侯马的台骀庙。这说明，祭祀台骀是随着晋国疆域由南向北逐渐发展而传播的。

王郭村台骀庙，位于太原市晋源区王郭村东北打麦场，是为纪念张氏先祖建筑的家族祠堂，被称为“除黄帝陵之外中华第二最古景观”，为中国有史可查最早的张氏祠堂。

关于台骀治水的功绩，以及后人对台骀祭祀的最早记载，当推《左传·昭公元年》中：晋侯有疾，郑伯使公孙侨如晋聘，且问疾。叔向问焉，曰：“寡君之疾病，卜人曰‘实沈、台骀为祟’，史莫之知。敢问此何神也？”子产曰：“……昔金天氏有裔子曰昧，为玄冥师，生允格、台骀。台骀能业其官，宣汾、洮，障大泽，以处太原。帝用嘉之，封诸汾川，沈、姒、蓐、黄，实守其祀，今晋主汾而灭之矣。由是观之，则台骀，汾神也。”这段文字叙述了昧的两个儿子，允格和台骀，只有台骀吸取了父亲治水的经验教训，并在颛顼任部落首领执政时担任了水官。台骀曾疏通山西境内的汾、洮二河，还治理了太原境内王郭村北的大泽遗址，保障了太原一带人民的生活。由于台

太原市晋源区王郭村台骀庙

骀治水成绩卓著，颛顼就把台骀封为掌管汾州一带的地方官员。台骀去世后，人们追念他，尊他为汾水之神，又称台神，于各地建庙祀奉。当地民间有这样的说法，“打开灵石口，空出晋阳湖”者不是大禹，而是台骀。因此，台骀治水应早于大禹治水，是中国历史上成功治理江河的第一人，亦是最早开拓太原地区的先贤。

王郭村台骀庙的名字，在历史上曾被数次更改，明嘉靖《太原县志》记载：“汾水川祠，一名台骀神庙、昌宁公祠，在王郭晋泽南，后人立庙祀之。节度使卢钧不欲名之，改以是名。晋封昌宁公，宋封灵感元应公，赐额曰宣济庙，有掌禹锡

太原市晋源区王郭村台骀庙内台骀塑像

所赐碑。明洪武七年重修，有司岁五月五祀焉。”台骀庙的创建时间无考，从宋代掌禹锡《重修昌宁公庙碑记》“晋阳境中，博洵郡祀，最越前古”一句可窥其大概，与台骀庙一步之隔的明秀寺有碑载“创于汉”，那“最越前古”的台骀庙自然要比明秀寺早得多。经过历朝历代修葺，规模十分宏伟，唐末五代以后修建时尚有房屋 80 多间，是一处规模很大的古庙群。但其后遭一连串劫难，使得台骀庙毁废不存，台骀塑像所幸被人垒砌砖墙于原殿基址平房之内，方能保存至今。

台骀不仅是治水贤臣，还有一个对后世寻根至关重要的身份——张姓的第三世始祖。地方文史研究者王剑霓先生根据《新唐书 · 宰相世系表》“张氏出自姬姓。黄帝子少昊第五子挥为弓正，始制弓矢，子孙赐姓张氏”和《左传·昭公元年》中有关记载，考证出少昊的儿子挥观弧星，发明弓箭，被赐姓为张。挥生昧，昧生允格、台骀，同为张姓始祖，王郭村台骀庙亦为张氏开宗立姓的祖地。且有上文《左传·昭公元年》“宣汾、洮，障大泽，以处太原”之句，足以证明张氏祖地在太原。明清两朝许多张氏家谱就说自己祖地在山西太原。明嘉靖《张氏统宗世谱·本源记》中记载：始祖挥公受封之国，在山西太原府所属之地，“今太原县有庙存焉”。

“忠臣不事二主”的贤大夫：狐突信仰

狐突，字伯行，古晋阳西境人（今属交城）。春秋时期晋国大夫，晋文公的外祖父。狐突之狐姓本出于姬姓，与晋国国君一样，同为晋国始祖唐叔虞的后裔，出仕晋武公，有先见之明。他曾被封到大狐犬戎，即今交城一带，以地为姓，改姓大狐。狐突为晋国立下汗马功劳，并因教子“忠臣不事二主”，深得历代统治者推崇。狐突信仰主要分布在山西交城、清徐交界的狐爷山一带及周边地区，形成一个辐射多县市的狐突信仰圈，这些地区流传着大量关于狐突的民间传说。

狐突庙，原名狐大夫祠，正是为了纪念狐突大夫辅佐重耳即位所做的重大贡献和刚正不阿的高贵品德而修建。明清时

清徐狐突庙

期奉之为神，故又称狐神古祠、狐神庙。千百年来，山西晋中各县普遍建有狐神庙，规模宏大且历史悠久。交城县境内立庙数十座而祀之，阳高县许家园狐神庙规模和影响都较大，而现存最大、最典型的狐突庙，则位于清徐县城西南4公里的西马峪村北，始建于北宋宣和五年（1123），金元至明代又多有修葺、增补和扩建，并彩饰武士侍女及狐突夫妻坐像。

狐突被封到大狐犬戎一带后，将两个女儿狐季姬、小戎子嫁给晋献公，凭借这个身份进入晋国统治层。后来发生了“骊姬之乱”，太子申生被杀，狐突的两个外孙，即狐季姬生的重耳和小戎子生的夷吾都出逃在外。当宫乱平息后，夷吾在齐国和秦国的帮助下回国即位，史称晋惠公。晋惠公在位14年后亡，其子（晋怀公）即位。当时对帝位威胁最大的是一直流亡在外的重耳。重耳在各国都有良好的声誉，为了削弱重耳的势力，晋怀公就下令，跟随重耳的人必须回国报到，若不回来，则诛其全家。跟随重耳的有十九人，包括介子推、狐突的两个儿子狐偃和狐毛在内。狐突接到命令后却说，古往今来，儿子出仕，父亲一定要告诉他忠诚。我的儿子们跟随重耳已经多年，如果现在叫他们回来，岂不是和我的话相违背了！我不能教子以二心事君，你要逞淫刑杀人，我听命就是。于是狐突被杀。《左传》中对此事有明确记载，因此“教子不二”的事迹为历代统治者所赞赏，成为后世忠臣的一个典范。

狐突被杀的第二年，重耳在秦国的帮助下回到晋国即位，是为晋文公。对于狐突的忠诚，重耳记在心里，并厚葬其于封邑马鞍山，且立祠祀之。对于狐突的遭遇，百姓更是非常同情，将祭祀狐突的习俗保留下来，渐渐地，因帝王的恩赐，狐突最终成为神。历代忠臣孝子有独立祠堂的也不新鲜，而成为神却极不容易。狐突正是在帝王的加封下，逐渐成为神灵。宋徽宗时，狐突得到了“官方认证”，一跃而成为神灵。宋徽宗在其 27 年的皇帝生涯里，封过许多神，遍及华人文化圈的关公崇拜就是以他封关羽为“崇宁真君”为开端的。大观二年（1108）宋徽宗赐额狐突祠“忠惠”，宣和五年（1124)，他又封狐突为护国利应侯，就此狐突完成了从忠臣到神灵的转变。两年后，“靖康之耻”北宋随即灭亡。宋徽宗应当是感到时局的危险，才特意在狐突的封号中加上“护国”二字，指望自己封的神灵护佑自己的王朝。这样一个荒唐的想法竟然无意间成就了狐突信仰的传承。狐突，作为忠贤的楷模被后人铭记，当地人设祠纪念他，除了对其高功厚德的仰慕外，更重要的是世人期盼狐突能福佑苍生，造福一方。

在宋朝之后的许多年，狐突享受着一种习惯性的香火供奉，历朝的统治者并没有太在意他，直到光绪四年（1878）他才得以再次荣耀。当时，山西巡抚曾国荃奏请在狐突封号前加“灵弼”二字，意为神灵护佑，原因在于“求雨普泽”。几百年来，狐突能降甘霖解旱情已是通行说法。光绪《山西通志》记载，狐突“雁门以北，祠宇相望，太、汾二郡亦无县不祀”，有此规模的原因即“俗传神司雨雹”。

中国人的“武魂”：关公信仰

“中华文武二圣”——文圣孔子、武圣关公，被誉为中国历史文化中两颗璀璨的恒星。山西平阳府（今临汾市）关庙与湖北当阳关陵同有这样一副楹联：

先武穆而神，大汉千古，大宋千古；

后文宣而圣，山东一人，山西一人。

上联中的“武穆”是指抗金名将岳飞，下联中的“文宣”

解州关公像

是指儒家创始人孔子，唐代被封为“文宣王”。对联是指关羽在岳飞之前封神，在孔子之后封圣。漫长的文化积淀形成了中华民族千年的格局：文拜孔子，武拜关公，其中的文化内涵便是孔子以“仁”成“圣”，关公以“义”成“神”。关公文化在千年的演化中，由人而神，由神而圣，呈现出超越时空、民族、宗教、阶层、国界的特点，成为构建中华文明诸多要素中不可或缺的关键一元。

关羽，字云长，本字长生，河东解州人。关公故里在运城市解州镇以东 9 公里处的常平村，即今日关帝祖祠所在地。作为蜀国名将，关羽曾横刀立马，所向披靡；曾抱打不平，扶危

运城关帝庙

济困。正是这位河东解州的千古名将，因替民女申冤而杀死县尹，从此亡命天涯。此后，中国历史上留下了许多妇孺皆知的英雄传奇：桃园三结义、降汉不降曹、过五关斩六将、火烧赤壁、水淹七军和败走麦城等。官渡之战是关羽人生的转折点，因斩颜良于万军之中，如入无人之境，一战成名，从而奠定了其后辉煌的人生。而忠、义、勇此三种精神官渡之战后在关羽身上得到集中体现。关羽的一生可谓叱咤风云，关羽的忠义可为千古传颂，关羽的德行可谓万民景仰。

最早祭祀关羽的是与其既有君臣之分，又有兄弟情分的蜀汉皇帝刘备，但是关羽崇拜却并非起自蜀汉地区，而是源于湖北荆州当阳，即关羽被杀的地方。关羽死后不久，一手策划袭取荆州，图取关羽的东吴大将吕蒙一病不起，殁于汉献帝建安二十四年（219）。是岁，荆州大疫，曹操也在几个月后莫名其妙地死去。当阳本有巫风淫祠的民俗，《三国志》中记载的上述史事更激发了民众的想象力，因此民众最初供奉的关羽形象，阴森的厉鬼气息颇重。可见民众最初对于关羽的敬重是出于对鬼神的敬畏，而非对英雄的崇拜。随着政治上关羽的升温，特别是佛教、道教对关羽的神话，民间关羽崇拜也进而升温，并在内涵上呈现多样化趋势，既含有对英雄的崇拜，又含有对神灵的诉求；既是一种心理安慰，又是一种精神寄托。在民众看来，关羽生前是一个忠勇神武、义气千秋的英雄好汉，死后亦是一位镇定方隅、降妖伏魔的威神。民众相信敬奉关公能逢凶化吉、遇难呈祥，保一家安康、四海升平。“县县有文庙，村村有武庙”，这是中国封建社会后期社会各界普遍祭拜孔子和关公的真实写照。

作为中国历史上忠义仁勇第一人的关羽，其“对国以忠，待人以义，处事以仁，作战以勇”，虽生前只被封为“汉寿亭侯”，死后却声名鹊起，封号不断升级，可以说他的荣誉超越了所有帝王。宋代，宋徽宗将默默无闻的关羽册封为“崇宁真君”。元代，关羽则成为“显灵义勇武安英济王”。明代，关羽被封为“三界伏魔大帝神威远震天尊关帝圣君”。到了清代，关羽的加封达到极盛，被顺治皇帝封为“关圣大帝”。在清入

主中原以后，统治者急需找到一位忠勇的形象来稳定人心，以便为其统治服务，这时，关羽又幸运地成为掌管天界、地界和人界的“千古一帝”，由此成为中国人的“武魂”。

在历代统治者的屡次加封后，关羽在解州的住宅被“乡人慕德”为祠，关帝庙由此遍及海内外。“当时义勇倾三国，万古祠堂遍九州”是关公信仰地域广泛的最好写照。关帝庙也因此成为中国数量最多的庙宇。最具代表性的有三座：关羽故里

运城关帝庙

山西运城的衣冠冢，称为“关庙”；河南洛阳厚葬关羽首级处，称为“关林”；湖北当阳城葬关羽身躯处，称“关陵”。所以民间流传有关羽“头枕洛阳，身困当阳，魂归故里”的说法。

山西省运城市解州镇的解州关帝庙在海内外众多关庙中，以规模浩大、气势恢宏而独占鳌头，可说是武庙之冠，被誉为“武庙之祖”。解州关帝庙地处运城市解州镇西关，始建于隋代，重建于宋，明、清两代屡加修葺、扩建和重建，今存建筑则为清圣祖康熙五十二年（1713）的遗存。现存庙宇为大型的四合院式建筑，由前、中、后三部分组成。庙宇四周以宫墙垛堞围护，形成一封闭式城堡，体现了皇宫建筑的森严戒备及王者气魄。解州关帝庙总面积 22 万平方米，共有房舍 200 多间，分为正庙和结义园两部分，是现存规模最大的宫殿式道教建筑群。

关帝祖祠亦称“关圣家庙”，位于运城市常平村，与解州关帝庙遥相呼应，相传系常平村民于隋朝初年创建，始为祠堂，至金代形成庙宇。庙宇坐北向南，规模宏伟，布局严谨，殿阁壮丽。关圣家庙古木参天，盘根错节，苍翠蓊郁，虬枝纵横，几乎每株树都有隽永神奇的传说。在常平村还有一座号称世界最大的关羽雕像。据悉，这座雕像高 61 米，底座足有 19 米，61 米寓意关公享年 61 岁，而底座 19 米则寓意关公在家乡生活了 19 年。

每年农历五月十三关帝降临日，以及四月初八与九月初九的关公古庙会，关公故里都会举行盛大的祭祀活动，相沿成习，成为中华民族的一份宝贵遗产。农历五月十三是民间传说中“关公磨刀”的日子，民谚“大旱小旱，不过五月十三”说的正是关公磨刀的日子肯定会下雨。民间称此日下雨便是关公“磨刀”，下雨便是吉兆，雨越大越好，预示当年光景必将风调雨顺，国泰民安。倘如不下雨，则是不吉之兆，当年或有“自然灾害肆虐”，或“社会动荡不安”。在这一天，家家户户都要买酒，割肉，包水饺，以这样的仪式来祭拜关公，祈愿国泰民安，风调雨顺。

解州关帝庙会以其盛大的祭祀活动享誉海内外。这一庙会始于宋徽宗年间，距今已有1000多年的历史了。关公文化中的忠、义、仁、勇已经成为中华传统文化的现实写照，具有鲜明的民族特征。关公信仰也逐渐成为一种文化现象和社会群体的信仰，激起了海内外华人回乡寻访关帝祖庙热，这一习俗活动已被列入国家级非物质文化遗产名录。

手执生死簿赏善罚恶的判官崔府君

崔府君是中国民间信仰中的冥神，流行于全国各地。崔府君，姓崔名珏，字子玉，别名崔判官，隋唐时期故城县（今河北省晋州市老城区）人。唐太宗时授长子县令，后任蒲州（今

陵川县礼仪镇崔府君庙

山西永济市）刺史兼河北二十四州采访使。金元好问《崔府君庙记》："唐崔子玉府君祠，在所有之，或谓之亚岳，或谓之显应王者，皆莫知其所从来。"据此，崔府君原为唐地方官，因有功德于潞地，且屡有政绩，后被奉为神，后人念他清廉、公正，遂建祠祀之。民间对其信仰起于北宋，极盛于南宋。

相传崔子玉家境殷实，父母乐善好施，在乡里颇有名气，但年五旬尚无子。一日，夫妻两人同登泰山祈祷，是夜，二人梦见一童子手擎一盒，内盛美玉两枚让其吞食，由此崔夫人怀孕，并于隋开皇五年（585）六月六日子时生下一子，其时异香满宅，人人都很惊奇，认为这是吉兆，是夫妇二人常年行善积德的福报。崔夫人因梦神赐玉而孕，便以此为府君起名珏。

子玉七岁入学，即可日记千言。年十六娶卢氏，端庄贤淑。

民间传说中，崔府君是惩恶扬善、明辨是非的精神象征，且为官一任，造福一方。崔府君仁政爱民，把地方治理得很好，老百姓都很感激他。有一天，黄沙村周、吴两姓因打炭窑引发争执，诉诸崔府君。府君命人认真丈量炭窑所占面积，经过仔细核算，证实吴姓村民果然侵占他人地界。府君果断下令吴姓村民退还多占面积，并制定了经营炭窑的分配制度，即按分出钱取炭、照股均分。崔府君由点及面，开创性地将按分、按股

六月初六判官崔府君圣诞祭祀活动

分配这一模式谕立于民，人人皆称道，在今天也具有借鉴意义。

据传他是“昼理阳事”“夜断阴府”（《列先全传》）的判官之首，更被唐太宗惊呼为“仙吏”。判官，本为官名，隋朝首置，唐朝为特派担任临时政务的大臣，同时也是古代汉族民间传说中的阴间官名，职责是判处人的生死轮回，对坏人进行惩罚，对好人进行奖励。流传于世最著名的四大判官为：赏善司魏征、罚恶司钟馗、察查司陆之道和阴律司崔珏。崔珏左手握生死簿，右手持判官笔，专门掌管人间善恶生死之事。其只需一勾一点，谁该死谁该活便在须臾之间。其死后被上帝封为磁州土地神，主管赏善罚恶，管人生死。民间流传唐太宗阴曹还阳一事。故事讲泾河龙王与袁守打赌，错行雨布，被太宗老臣魏征梦斩，泾河龙王要太宗偿命，太宗病重而亡。臣相魏征为了太宗给好友阴曹判官崔珏书信一封，太宗到阴曹，交予崔珏，崔珏遵好友之意，提笔在生死簿太宗的名前，由阳寿一十三年改为三十三年。太宗还阳，敕封其为护国嘉应侯。还有一次，崔珏下令不许在节日打猎，但是有一个人违反命令，被他抓住了。他对那人说，你是愿意在人间还是在地狱里接受处罚？那人觉得很可笑，就说愿意在地狱里受罚。晚上，来了两个幽灵，把那个人带到地狱。在那里，他看到了身着红袍，左手执生死簿，右手拿勾魂笔的崔珏正在办公。这时方才知崔珏是专门执行为善者添寿，让恶者归阴任务的判官。

唐玄宗时，安禄山叛乱，唐玄宗为稳住军心，即对臣说他夜做一梦，梦一神人向他告曰："贼当自灭，陛下无恐。"问其名谁，对曰："臣滏阳县令崔珏也。"后叛乱平息，唐玄宗返京，即封府君"灵圣护国侯"。相传金兵南下时，崔府君显圣挡驾，泥马渡康王。辛弃疾《南渡录》记载了这一故事："康王（赵构）质于金……遣还。康王得脱，奔窜疲困，假寐于崔府君庙，梦神人曰：'金人追及，速去，以备马于门首。'康王惊觉，马已在侧，跃马南驰。既渡河，马不复动，下视之，则泥马也。"此后，官方对崔府君的祭祀更加隆重。北宋时，崔府君在汴京已有庙祀，宋徽宗为其封号"显应公"，其庙称"显应观"。南宋时，其庙移至杭州。南宋淳熙十三年（1186）宋孝宗加封护国显灵真君。元成宗封灵慧齐圣广祐王。随着崔府君封号的升级，崔府君庙也绵延至全国各地。

今天，千古仙吏崔珏的故事还在流传，崔府君庙在全国各地也多有修建，其中陵川县礼义镇的崔府君庙即是其一。该庙位于山西省陵川县城西 15 公里的礼义镇东北山岗上，是中国现存仅有的汉唐高台式建筑。该庙又名显应王庙，始建于唐，金大定二十四年（1184）重修。明洪武二年（1369）及清末民国初均有修葺，现存建筑山门为金代遗构，余皆明、清建筑。

中国百姓的守护神：门神尉迟恭

门神尉迟恭

门户神是“五祀”祭礼中的两种神，“门”指城门或宅门，“户”则指宅内各室之门。门户神最初的功能是“主出入”。周代五祀神带有原始崇拜的性质，自汉以后，门神人格化，演变成具有民俗性质的神荼、郁垒二神人。门神的功能也由“主出入”变成辟邪疫。山西籍的尉迟恭不仅是妇孺皆知的一员大唐猛将，更是中国百姓尊崇的门神。

尉迟恭，字敬德，朔州鄯阳（今山西省朔州市）人，鲜卑族，是唐朝开国名将。封鄂国公，赐司徒兼并州都督，谥忠武，赐陪葬昭陵，凌烟阁二十四功臣之一。尉迟恭年少时以打铁为业。隋炀帝大业末年，在高阳参军讨伐暴乱兵众，以勇猛闻名，一直提拔到朝散大夫。尉迟恭生性纯朴忠厚，勇武善

朔州尉迟敬德庙

战，一生戎马倥偬，征战南北，驰骋疆场，屡立战功。千百年来最令百姓折服的是尉迟恭为保李世民成就帝业而不惜冒“谋反”的罪名，最终首立奇功。他为报明主而无所畏惧的精神得到百姓的万世景仰。于是，他被请入千家万户，成为中国老百姓的忠实守护神。那么，他是如何由一名大唐名将一跃成为家喻户晓的门神的呢？这还得从门神信仰说起。

门神信仰由来已久，是中国传统民俗中信仰最多的神祇之一，其历史之久、流传之广、种类之多在民间诸神中最为突出。全国各地民宅多有门神，且内容不尽相同，有捉鬼门神、祈福门神、武将门神和道界门神，其中以武将门神——秦琼和尉迟恭最为出名。相传，在玄武门之变中，秦琼、尉迟恭二将助李世民夺取帝位建立大业，被封为开国元勋。但李世民在登基称帝之后常做噩梦，梦里听到鬼魅呼叫，心中惶恐不安，难以入眠。数月后，太宗因受不了恶魔的折磨，遂召众将群臣商议。众将提出让元帅秦叔宝和大将军尉迟恭披甲持械守卫于宫门两旁。是夜，太宗果然无事。久而久之，太宗念秦琼、尉迟恭二将日夜辛劳，遂让宫中的画师绘制二将之戎装像，手持鞭锏，怒目而视，悬挂于宫门两旁。此后邪祟消失，二人至此成为门神。后世沿袭此法以求平安，秦琼、尉迟恭二将遂成为“门神”的原型，被世界华人尊为民间驱鬼辟邪、祈福求安的中华第一门神。

朔州尉迟敬德像

太原市上兰村窦大夫祠

孔子口中的“晋国贤大夫”：窦大夫

窦犨，字鸣犊，为晋国大夫，封地在今太原，曾于狼孟（今阳曲黄寨）开渠兴利，因而得到后人纪念。

窦犨崇尚礼治，重视教化，竭尽能言善辩之才，倡导礼乐治国思想。他的政治才能在晋国和周边国家都有很大影响，被孔子誉为“晋国之贤大夫也”(《史记·孔子世家》)。但当时正值春秋末年“礼崩乐坏”的大国争霸之际，社会风气日下。尽管窦犨为赵简子执政立下很大功劳，但他的思想与赵简子多有不合。窦犨对赵简子之言行有所不齿，并反驳他不能变通之论，这些为后来赵简子逼杀窦犨埋下了伏笔。窦犨不畏强权、耿直敢言，以死维护周礼和晋国之尊，当称贤大夫！

孔子周游列国，因仰慕窦犨，曾驾车来访，当孔子行至黄河边时，听到窦大夫被杀的消息，孔子看着滔滔河水感叹道："壮美呀，黄河水，浩浩荡荡多么盛大，我之所以不能渡过黄河，也是命运的安排吧！"子贡不解其意，上前询问，孔子说："他们都是晋国贤良的大夫，赵简子未得志时，与他们政见相同，一旦得志却杀掉他们推行自己的新政。我听说不论何时何地，剖腹取胎，麒麟就再也不会降临；竭泽而渔，蛟龙就再也不会出现；覆巢倾卵，凤凰就再也不来飞翔。我还听说，君子总是对同道的不幸遭遇特别伤感，那些鸟兽对不义的行为尚且知道避开，更何况是我孔丘呢。"于是，孔子在遗憾中驱车回到了鲁国，并作琴曲《陬操》来哀悼窦大夫。窦大夫祠内有楹联：太行峰巅，孔圣为谁留辙迹；烈石山下，晋贤遗泽及苍生。其中上联说的就是这个典故。

窦大夫祠，又称英济祠，位于太原市西北20公里处的上兰村，汾河峡谷左侧，是为纪念春秋时期开渠济民的晋国贤大夫窦犨所建。其创建年代不详，但唐代李频《游烈石》词中"驻马看窦犨像"之句，证明唐代此祠已存。宋元丰八年（1085）六月，汾河大涨，祠院被汾水所淹，遂北移重建，历代多有碑记。此后"邦人祈求，屡获感应"，因此，宋大观元年（1107）宋徽宗追封窦犨为英济侯，“英济”之名，盖取生而英灵死而济物故也，故窦祠也叫英济祠。千百年来，太原人民一直怀念着窦犨，并奉他为贤大夫，甚至将其视为功德无比的圣人和“神”。据地方志记载，当年他曾带领这块土地上的人民治理汾河水患、筑坝开渠、广开农田，使人们安居乐业。相传现在的横渠就是窦犨领导开凿的引汾人工渠。

窦大夫祠共有50多间殿堂，其中琉璃团龙山门、方形凿井献殿、五间悬山式正殿都是元代遗物，局部还有着宋金时代的建筑风格。祠庙建筑巍峨壮观，古朴幽深；大殿中供窦大夫坐像，美髯长须，风度翩翩，神态自若。坐像左侧有梧桐木，俗传手摸可治百病，现仍光滑溜圆，光可鉴人。祠周围环境更是十分优美：清泉自烈石山苍崖下汩汩而出，清澈见底，游鱼可数；泉水温度较低，人称“寒泉”，与翠柏古祠交相辉映，古雅有趣，“烈石山寒泉”成为太原名胜之一，亦为旧阳曲八景之一。寒泉旁小庙前有“灵泉”二字碑刻，相传为宋徽宗赵佶所书。寒泉后遭破坏，拟引汾水予以恢复。

对百姓疾苦有求必应的俩姐妹：二仙信仰

晋东南地区流传着众多特色鲜明的祠神信仰，真泽二仙信仰就是其中之一。作为地域性民间崇拜之神，二仙真人传说

陵川西溪二仙庙

泽州小南二仙庙正殿内宋代小木作天宫楼阁

已流传千年之久；作为具有广泛群众基础的地方性神灵，这两位平民女性的信仰传说在全国也实属罕见；作为民间神话故事“恪守孝道”精神的传承，二仙信仰成为地区村落间传统和睦关系与民间文化交流的纽带。二仙传说发生在唐大历年间陵川与壶关交界的紫团山一带。

传说二仙本是唐代壶关县的农家姑娘。父亲乐山宝，母亲杨氏，二女出生便聪颖异常，话虽不多却极有悟性，七岁时便能出口成章，行为举止更是尊礼循法、孝敬贤劳。遗憾的是，二女年幼丧母，不久父亲便续弦李氏。李氏对二女百般虐待。一次，二女因未捡拾麦穗惨遭毒打，便仰天哭泣。突然有黄龙下降，将二女腾起，于是幻化成仙飞天而去。此为一种说法。二是传说两人成年后便隐居山林，遇到得道高人教授其采药之法，于是在石室中刻苦修炼，终日以草药为生，后上天又赐予其一身红袍，最终得道成仙。二女成仙后，凡是有求者，必有回应，因此远近的村民一传十,十传百，都来祭拜，香火十分旺盛。山西晋东南地区现存的 7 座“二仙庙”，即是宋金时期中国民间祭祀地方孝道女神“真泽二仙”的庙宇。碑文也详细记载了这对姐妹的成仙故事。宋崇宁四年（1105）御赐庙号“真泽”，庙中供奉的乐氏二女，长曰“冲惠”，次曰“冲淑”，被敕封为二真人，庙号“真泽”入祀典，每年由官府祭祀。此时，二仙信仰发展到了顶峰，逐步形成一套比较完整的信仰体系，晋东南民众也在各地大量兴建庙宇行宫。目前有关二仙记载的最早文献为唐乾宁元年（894）张瑜《乐氏二女父母墓碑》，这说明，二仙信仰早已经在晋东南地区盛行，且成仙地就位于壶关县紫团山一带。

壶关县树掌镇神郊村真泽宫在宋初成为二仙信仰的中心，后毁于宋金之际的战火中，金初新的信仰中心在陵川县崇文镇岭常村形成。

二仙之所以能成为上党地区千年兴盛不衰的大神，除了“恪守孝道”的教育意义外，最重要的是，二仙能在不同时期“满足”大众的需求。晋东南地区紧邻太行山脉，古称“上党”，杜牧有诗云“上党争为天下脊”，因此造成“居民稼穑耕瘠田，凿井百尺难

陵川西溪二仙庙金代梳妆楼

通泉”。艰苦的自然条件，为人们的祈雨祭祀提供了精神上的极大需求，成为“祈雨抗旱”的代名词，发展到后期则演变成以祈雨信仰为主，兼具求子、治病、防灾等多功能的地方性保护神。其祭祀阶层也逐渐增多，由最初单纯的民间信仰演变成后期民间与政权上层共同祭祀的对象。

从晚唐至今，晋东南百姓崇尚二仙的香火历久不衰。每年农历四月十五，是二仙庙庙会的日子。这一天，陵川小会岭附近六个村庄的人们都聚在二仙庙进行盛大的祭祀活动。庙内的碑文上记载着：“每年四月十五日，演戏成会，百剧并陈，祭祀二仙，一时车马辐辏，女士缤纷，亦可谓极盛云。”除了祭祀外，泽州小南村二仙庙不仅有晋东南地区保存最早的二仙塑像，还有国内现存罕见的宋代小木作实物“天宫壁藏”。而高平西李门二仙庙内两幅“金人方巾舞图”和“宋金对戏图”线刻画为全国首例。陵川西溪二仙庙，堪称“古代艺术博物馆”，其梳妆楼被专家称为中国古代阁楼式建筑的代表作。因二仙信仰保留下来的这些艺术精品都是中华民族优秀文化的重要组成部分。

偶遇仙人的善良媳妇：水母娘娘

水母娘娘是一种传统民间宗教信仰，在原晋祠内难老泉亭西边的水母楼。水母楼是奉祀晋源水神的祠堂，俗称梳妆楼，别号水晶宫，与圣母殿平行。其建于明嘉靖四十二年（1563），清道光二十四年（1844）重修。两重楼阁，重檐歇山顶，上下两层都有回廊，楼下一明两暗三窟北方式窑洞，中间一窟供奉铜制水母像一尊，端坐于瓮形基座上。楼上为通堂三间，正中设神龛，塑升天水母成仙像，楼下为一人两形。下层是人，上层是神。神龛两侧列水族侍女像八尊，鱼尾人形，被称为“东方美人鱼”，楼上四壁还有明清壁画，内容为水母朝观音仪仗、普降甘霖。这尊水母像为铜铸，高1米多，端坐于瓮形莲花座上，神态自若，束发未竟，一副村姑模样，与一般神像大不相同，水母这一形象还源于一段美丽的传说。

相传，晋祠附近金圣村有位柳春英，嫁到古唐村（晋祠）为媳。春英生性善良，做事勤快，结婚后承担了全部家务。但婆婆张氏心肠暴戾，对柳氏经常打骂，非常挑剔。每日挑水，她却只用前面一桶，嫌后面那桶不干净。这样柳氏每天就得多挑好几担水，累死累活。但柳氏对这些刁难并无怨言。一天，柳氏担水途中，遇到一位牵着马的白发老人。老人见到柳氏，施礼道：“好心的大姐，我的马快要渴死了，能给我们一点水喝吗？”看到老人和马风尘仆仆、唇干口燥的样子，柳氏将水桶提到老人面前，请他们喝水。老人很快就喝完了半桶，另外半桶给自己的马喝了。喝完水后，老人向柳氏道了谢便转身骑马

晋祠难老泉

走了。于是柳氏又挑着空桶再去山里担水，由于回来得晚，又被婆婆打骂一顿。

第二天一大早，柳氏照常去挑水，刚到村口，又遇见那位老人和他的马。柳氏看到他们焦渴难耐的样子，便不顾昨天挨打挨骂的事，又把水给老人和他的马喝了。这样，等她再挑回水去，又免不了挨一顿打骂。

第三天，柳氏起了个大早，先挑回一担水，在村口等老人。一见到老人和他的马，柳氏就说："老人家，快喝水吧！"

老人二话不说，很快和马一起喝完了一桶水。柳氏担起水桶，正准备再去挑水，老人拉住水担说："好心肠的媳妇，为了我和这匹老马，你挨打受骂，我也没有啥好回报你的，这个马鞭送给你，以后你就不用到这么远的地方去挑水了。你把马鞭放到水缸里，你要喝多少水就把马鞭提多高，鞭子提到哪里，水就会涨到哪里，但千万记住，鞭子不能提到水缸外面，那样就会发大水了。"柳氏接过鞭子端详，正要道谢，老人和马早已不见了踪影。

柳氏忐忑不安地回到家里，试着将鞭子放入水缸中，果然水缸里立刻涌出清凌凌的水来，她把鞭子提了提，水便涨了涨。柳氏乐不可支，心地善良的她随即将这件事告诉了乡亲们，让乡亲们来家里挑水，就再也不用到大山那边去挑水了。此后，每天来柳氏家中挑水的村民就像赶会似的，家里整天都是人。这下可惹怒了婆婆张氏，她恨不得把鞭子扔了。农历六月十五这天，婆婆故意让柳氏回娘家，柳氏高兴极了，临走还不忘嘱咐婆婆千万别把马鞭提出缸外，否则会有大祸。婆婆根本不信柳氏的话，柳氏刚回去，她就气势汹汹地将马鞭提了出来，瞬间，一股大水从大缸内喷涌而出，村子顿时变成了一片汪洋大海。此时正在娘家梳头的柳氏得知婆婆提出鞭子引发了大水，急忙夹起草垫往回跑。回到家中，只见缸内还在不停地往出流水，她便慌忙将草垫往水缸上一放，自己往上一坐，说来也奇怪，这水立刻不往外流了。

随着大水退去，村里人像赶集一样跑到柳氏家中，只见柳氏正端坐在水缸上面梳头，叫她时她已不会应声。柳氏已幻化成仙，一股清泉从她座下缓缓流出，从此长流不息。这就是传说中的难老泉——晋祠三绝之一。从此，难老泉润泽晋阳大地，造福四方百姓。

晋祠村民为纪念这位好心的媳妇，在难老泉旁建庙祭祀，封她为水母娘娘。清光绪五年（1879），朝廷还为水母娘娘加封号“敷化水母”，并将农历六月十五作为难老泉庙会的正日子。专门祭祀圣母的日子是从农历七月初二开始，七月初四是圣母出行之日，经各村庄游行，于七月十四送回晋祠。于是，晋祠一带形成了自农历六月始，七月中旬止的祭水神、圣母的古会，数百年不曾间断。唐代大诗人李白于盛唐开元二十二年（734）与友游览晋祠，为晋水留下千古名句：“时时出向城西曲，晋祠流水如碧玉。浮舟弄水鼓萧鸣，微波龙鳞莎草绿。兴来携妓恣经过，其若杨花似雪何。红妆欲醉宜斜日，百尺清潭写翠娥。”

晋祠古庙会有“敬水母必敬圣母”的传统。宋元时，人们祭祀水母时也会去晋祠祭拜圣母，因为圣母是晋国始君唐叔虞的母亲，敬圣母就是敬叔虞。而且当时还没有水母像，直到明嘉靖四十二年（1563）水母楼落成，才在时间上分开祭祀水母、圣母二圣。《晋祠志》记载，水母即晋祠之水神也。天一生水，地六成之。水属阴，故饰水神为妇人形，称曰水母。一年四季，晋祠周边庙会接连不断，祭祀礼仪非常隆重，社火故事相当盛大。晋阳古城历史记载着人们对水源、对母亲的尊敬，以及对水能生万物的敬仰。

祖先崇拜与宗族信仰

血亲伦理是中国传统文化的重要特质之一。与神灵信仰不同，祖先崇拜的对象是有功绩的远祖和血缘关系密切的近几代祖先。在中国历史上，祖先崇拜成为各族人民生活中的一种民族信仰，也是宗族结合的精神支柱。在中国传统文化中，祭拜祖先是将本族的祖先神化并对之祭拜，具有本族认同性和异族排斥性。对祖先的崇拜不只是一种宗教信仰，更是日常要遵循的行为规则，主要表现在定时扫墓、祭拜等活动中。这些共同的信仰和崇拜，增进了同一地区、不同村落间的感情和联系，增强了凝聚力和融合力，从而实现更大范围的和谐与繁荣。

寻根问祖的精神之树：洪洞大槐树根祖文化

洪洞大槐树寻根祭祖园是全国以“寻根”和“祭祖”为主题的唯一民祭圣地。经过六百多年的辗转迁徙，繁衍生息，而今全球凡有华人的地方就有大槐树移民的后裔。洪洞大槐树寻根祭祖园早已在炎黄子孙心中深深扎下了认祖归宗之根，被当作“家”，称作“祖”，看作“根”。

在中国古代王朝的末期，每逢社会动乱，总会出现人口的大迁徙。明初山西洪洞大槐树的人口大迁徙同样也是元末战乱之后，历经20余年，朱元璋统一天下时的一大历史事件。当

寻根祭祖园献殿

时的江山已是满目疮痍，战争的创伤遍地可见。元朝统治给黄河两岸人民留下的是20年不打口子的黄河，任其泛滥，最终使得中下游大片土地沦为沼泽。人们被大水撵得东奔西跑，无处安身，不少地方人烟绝迹，黄河水过后尸陈遍野，村社荒废，良田变成沙滩，所剩居民又在瘟疫中命染黄沙。朱元璋面对此种境地，决定恢复生产、发展经济。为了使人口均衡、天下太平，巩固王朝的统治，明洪武年间，朱元璋采取了移民政策，按照“四家之口留一、六家之口留二、八家之口留三”的比例迁移。明朝政府先后数次从山西的平阳、潞州、泽州、汾州等地，途经山西洪洞县的大槐树处办理手续，领取“凭照川资”后，向全国各地移民。明初经洪洞大槐树处迁往各地的移民曾达百万之多，其时间之长、规模之大、影响之深，不仅在中国移民史上是空前的，而且在世界移民史上也是罕见的。这

对当时的明王朝以及后来的社会发展，都产生了广泛而深远的影响。

“问咱老家在何处，山西洪洞大槐树！”这句脍炙人口的俗语反映的就是洪洞大槐树寻根祭祖习俗。这一习俗是山西省洪洞县在清明节期间举行的一种民间寻根祭祖活动，它始自宋室南迁，止于清代中后期，其中以明洪武元年（1368）到永乐十五年（1417）大约50年间为最，在此期间一共从大槐树移民18次，洪武年间10次，永乐年间8次。洪洞大槐树便成为当时移民聚迁地的一个重要标志。作为闻名海内外的明代迁民遗址，大槐树是数以亿计移民后裔寻根祭祖的圣地，亦是寻根问祖的象征符号，成为数亿名大槐树后裔心目中的精神之树。2008年，洪洞大槐树寻根祭祖习俗被列入民俗类第二批国家级非物质文化遗产名录。

据说，这棵大槐树最初种植于汉代，被称为“汉槐”，明初移民时已是千年古植。当年人们从这里离去时，汉槐枝繁叶茂，人们依依不舍，搂着树干、折着树枝。官兵们砍断树枝，驱赶移民远赴荒无人烟的他乡。手中的槐枝便成为人们想念家乡的符号，他们把槐树的枝丫种在异乡。槐者，怀也。如今，在中国没有哪棵树能比洪桐大槐树更知名，也没有哪棵树能比洪洞大槐树更让人思念。

如今在晋、冀、鲁、豫、秦等省民间，依然有不少人把槐

洪洞大槐树寻根祭祖园根字影壁

树视为一种吉祥树。人们通常喜欢在大门口和十字路口栽种槐树，并把那些古槐视为“神树”，还在树上钉有“灵应”“保佑”之类的小牌子，并且用红布包裹树干。若树上有鸟巢，不许人去摸。据传这些习俗都与明代移民有关，源自明代迁民时“折槐枝”的传说。当初，移民们被捆了手，官兵相逼着上路时，不少人纷纷拽住大槐树，就像拉着亲人的手，死死不放。那些官兵用棍棒驱赶不开，便拔出刀剑，砍断人们拽着的槐枝，驱赶移民启程。无情的刀剑把移民跟大槐树分开了，但移民们一直望着大槐树，直到被押解着越走越远，故乡的大槐树渐渐望

洪洞大槐树寻根祭祖园碑亭

不见了，此时只剩下手中紧握的槐枝，槐枝也因此成了人们心中古大槐树的象征。到了移民地，移民们把对家乡的怀念，对亲人的思念，都倾注到了这根槐枝上。移民们把从古槐树上折下来的槐枝栽培在新居的院子里，精心浇灌、培育，待到生命力顽强的槐枝在新土上生根发芽，才了却了心头的思念。移民们将院子里的槐树作为故乡的象征，逢年过节时，不少人还在此树下献上好吃的，烧香焚纸，叩头祭拜。随着时间的流逝，这种做法便沿袭成俗。

相传当年移民在被押解的过程中，长途跋涉，常有人要小便，只好向官兵报告:“老爷，请解手，我要小便。”次数多了，这种口头的请求逐渐趋于简单化，只要说声“老爷，我解手”，就都明白是要小便。“解手”印刻着当年移民的心酸历史。清末，洪洞贾村景大启、刘子林等人在山东为官，与许多洪洞大槐树移民后裔相识，经与很多洪洞移民后裔商议后，广为募捐，于原古大槐树旧址立碑，建起了一座碑亭，“古大槐树处”初具规模。

辛亥革命时，赵城（今属洪洞）人张煌杀死了清朝巡抚陆钟琦。不久，袁世凯派新巡抚张锡銮部下卢永祥进攻山西革命军。卢的部下到赵城后无恶不作，就连当时的陕西巡抚也看不下去了，上书朝廷控诉此事。然而他们出赵城入洪洞，却出现了完全不同的场景。个个循规蹈矩，人人下马祭拜，声称自己“回到了老家”，并把劫掠来的物品供奉于大槐树下。原来，卢的部下多是京津、河北、河南、山东一带的人，其中移民不在少数，好多人家中世代皆有祖训“洪洞大槐树是老家”。

洪洞大槐树寻根祭祖园位于山西省南部，临汾盆地北端，东隔霍山与古县交界，西靠吕梁与蒲县相连，北与霍州、汾西县为邻，南与尧都区接壤。1991 年 4 月，首次洪洞大槐树寻根祭祖节举办，以古大槐树移民遗址为载体的“根祖文化”活动随即蓬勃发展。之后，将每年 4 月定为“寻根祭祖节”，为

期 10 天。主祭日为汉民族传统扫墓节——清明节。每年清明节大槐树祭祖园内群鸟聚集，热闹非凡。洪洞人以为奇观，几乎倾城出动拥入大槐树祭祖园。鸟儿落满枝头，这些鸟儿每天傍晚飞来，凌晨时分又向东北方向飞去。来时鸣音响亮，啾啾欢啼，去时叫声凄凉，哀鸣而去，洪洞人民称它们为“思乡鸟”“吉祥鸟”，有人说它们是大槐树移民死后所变，生不能归故里，死后化作鸟儿也要飞回故乡，看看家乡的变化。这一壮观景象直到清明节后才全部消失，来自海内外参加祭祖活动的怀乡子孙无不为这一奇观所惊叹！时至今日，寻根祭祖节年年

洪洞大槐树

广志山小奶奶庙

举办，祭祀的形式、规模、祭品、礼仪等都有了很大的变化。唯独这些令人敬畏、引人遐想的思乡鸟没有变，每年清明时节准时来，准时去。

黎襄亲家不忘打骂：黎襄情缘

太行山一带，孕育、流传有很多神话传说，如女娲补天、伏羲女娲兄妹成婚以及女娲抟土造人等，这些传说深深影响着太行山东西两侧的河北、山西甚至河南等地的民众信仰。在这些区域的乡村里，女娲遗迹和女娲信仰有着深厚的积淀，仅长治地区女娲庙就有十几处之多。

上党黎城望乡会，是中国民间独有的一种民俗，也是华北

广志山庙会：抬小奶奶上望乡台

地区唯一以庙会形式而结成的两县团结互助、和睦相处的地方民俗风情。这一风俗起源于清嘉庆年间，发源于黎城广志山一带，200 多年来在黎城和襄垣两县广为流传。民间传说中的黎襄关系颇有趣味，在黎城广志山半山腰有一座娲皇庙，开山殿供奉女娲主神，侧房供奉着“襄垣小奶奶”。奇怪的是，200 多年前，女娲庙里突然多了一尊小奶奶的神位，而且这位小奶奶是附近襄垣县的人。

黎襄情缘讲述的正是在黎城广志山发生的一段凄美的爱情故事。相传 200 多年前，襄垣北关街年轻美貌的富家女子王雪梅爱上了给她家放羊的小伙儿赵保儿。赵保儿是黎城赵家山村人，长得精神、模样英俊，二人暗暗相爱并私定终身。王雪梅的父母发现后棒打鸳鸯，小伙子不得不返回黎城，不久忧郁而亡。王雪梅的父母膝下无子，便准备去广志山奶奶殿求子。古时进山烧香有一条山规就是未婚女子不能进山。但女儿思夫心切，便尾随父母来到黎城广志山拜神。在老奶奶的神像前，老两口跪下许愿后站起回头一看，见女儿也跪在那里不起。母亲大怒，未出嫁的女儿进了庙，这是对神的不敬，求子也就不灵了。于是一巴掌打在女儿脸上并骂道："小奶奶，谁让你来的！"不承想这巴掌居然要了小姑娘的命。出了人命是大事，庙里老道急中生智，声称此女乃是女娲娘娘的侍女，今日来此是归位。老道还把此女尸体扶到座椅上，伏身下跪，口中念念有词，并言之凿凿地说，女娲娘娘昨晚托梦，已经交代今日小奶奶会回来。从那一刻起，广志山娲皇庙中就多了一位"小奶奶"的神位。

由于黎城和襄垣两县有这么一个美丽的少男少女的爱情故事，两县人民为此结成了亲家，后世的黎襄人民不论认识与否，不分男女老幼、年龄大小，都会互相帮助，如同久别重逢的一家人，彼此还亲切地互称"亲家"，俗称"黎襄亲家"。无论在何地，只要两县人相遇，听出口音，黎城人见了襄垣人叫"小舅子"，襄垣人见了黎城人叫"外甥"，意在自己要年长一辈。传得久了，黎襄两县不分男女老少互相打架，争吵，争论大小，但谁也不会恼，由此，“黎襄打骂”也成为华夏大地仅有的民间习俗，并成为黎襄两县人民友好的象征。此风俗延续几百年了，至今不废，令旁人称奇！如今，每年农历四月十八和十月初一，两地在广志山娘娘庙会纪念襄垣小奶奶。庙会期间，襄垣北关娘家人便把小奶奶塑像从梳妆楼抬下，由请来的音乐团吹奏着，缓缓走出二道山门，把小奶奶的神位驾楼抬到望乡台，回望家乡。故而，庙会又被称为“黎垣望乡会”。小奶奶望乡的仪式很隆重，成为广志山庙会的一大景观。

几百年来，这个神奇的传说故事成为山西地区民间信仰圈中又一独特的风俗。黎城、襄垣两地群众，因为神亲姻缘结为亲家，这不仅强化了两地百姓的认同意识，同时也强化了世俗的血缘关系，构建了两地和谐的社会结构和文化空间。襄垣小奶奶，作为超越地缘关系的信仰代表，通过信仰、仪式和祭祀活动而成为黎城、襄垣两地百姓共同的保护神，成为两地关系亲密的神圣象征。

得《水册》者握帅旗：“四社五村”用水习俗

俗话说，水是百姓的依赖，也是百姓的命根子，以水为主的水规制度和观念是霍州特有的传统民俗文化，俗称“四社五村”（在当地不念 shè，而念 shà）用水习俗。千百年来，“四社五村”的百姓，视《水册》为民间至高无上的神圣法规，世代相传，周边村民有“得《水册》者握帅旗”的说法。也就是说，拥有《水册》就拥有话语权，就拥有独家解释权，就拥有最高权威。一句话，《水册》就是权力。显然，《水册》的作用是号令全社，令行众村，法令群众，管理众生。用民俗学家的话来说，《水册》是“四社五村”的民俗之魂，是万民发展之根，是水利小社会的小《宪法》。一本小册子在中国农村执行上千年，可谓奇观。那么，上千年的民俗流传中，一本《水册》为何会有这么强大的影响力和号召力？这还得从“四社五村”及其用水制度说起。

霍州市陶唐峪乡义望村村碑

“四社五村”，位于太行山脉的霍山山脚下，在霍州和洪洞水利区域的边缘地带，它跨越 2 个县（市）3 个乡（镇）5 个村庄。“四社五村”的排列顺序，是按它们所处的地理位置、渠路的长短、用水的天数而定的。分别是老大洪洞县赵城镇的

霍州市陶唐峪乡义旺村社爷树

仇池社，老二霍州市陶唐峪乡的南李庄社，老三霍州市陶唐峪乡的义旺社，老四洪洞县兴唐寺乡的杏沟社，老五霍州市陶唐峪乡的孔涧村。孔涧和义旺同属一社，孔涧村迟入四社，称它为村，故这个民间组织被称为“四社五村”。按照家庭排行组织在一起的五个村，每年轮流坐社，负责一年的水规管理，给他们所属和附属的15个村的近万口人提供生活用水。按照“四社五村”《水册》规定，每月水日按28日分配，洪洞14日，霍州14日，剩余两日作为给总堰补给或给需水村调剂之用。其中老大仇池社8日，老二南李庄社7日，老三义旺社4日，老四杏沟社6日，老五孔涧村3日。这是一个无官方参与的完全民间自治的村社组织，利用《水册》、村碑和风俗管理水资源的制度，也是一种实行“耕而不灌”的水资源管理制度。

“四社五村”村社组织，自汉代以来形成，它的用水制度一直延续至今，具有两千多年的历史。“四社五村”祭祀大典分为“小祭”和“大祭”，每年清明前一天称“小祭”，清明节当天为“大祭”。这一习俗的延续在全国也属于个例。

村里有一棵上千年的老槐树，名曰“社爷树”，它是“四社五村”的象征。相传这棵树是四社五村的社首为纪念“四社五村”成立而各自栽的，后来这五棵树竟然交织合长在一起，成为一个粗壮的主枝。主枝又分出五个小枝，象征着“四社五村”的五个村庄团结一致、共治一方水土的执着精神。

《水册》的产生，虽年代久远，已无从考证。但在岁月的长河中，口口相传的民间故事比比皆是，振聋发聩。《水册》几经战火，多灾多难，但每次总能逢凶化吉。据记载，每次

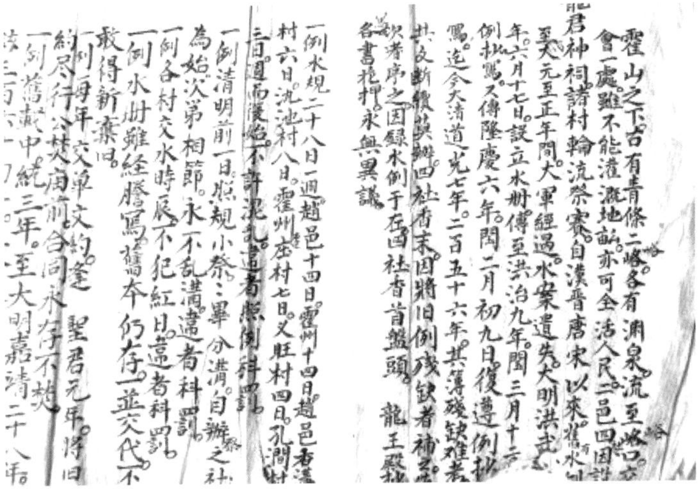
霍山之下古有青條二峪各有渊泉流至峪口
會一處雖不能澹灌地畝亦可全活人民二邑四因
龍君神祠諸村輪流祭賽自漢晉唐宋以來舊水例
至大元至正年間大軍經過水案遺失大明洪武
年六月十七日設立水册傳至洪治九年閏三月十
例抄寫又傳隆慶六年閏二月初九日復遵例抄
寫迄今大清道光七年二百五十六年其簿殘缺难者
共改断續與卿四社香末因將旧例殘缺者補
只着序之因録水例于在四社香首盤頭 龍王殿
各書花押永無異議
一例水規二十八日一週趙邑十四日霍州十四日趙邑香港
村六日沈池村八日霍州杏村七日又旺村四日孔澗村
三日週而復始不許混亂違者照例科罰
一例清明前一日照規小祭二畢分溝自辦祭之社
為始次第相節永不乱溝違者科罰
一例各村交水時辰不犯紅日違者科罰
一例水册雖經謄寫舊本仍存一並交代不
敢得新棄旧
一例每年交單文约簽 聖君元年將旧
約尽行公焚廟前合同永存不越
一例舊載中統三年至大明嘉靖二十八年

清嘉庆年间的合抄《水册》

《水册》的消失都与改朝换代时社会动乱有很大关系，抑或是战乱遗失，抑或是强盗入侵，抑或是土匪洗劫，不一而足，达百次之多。元末赋税沉重，民不堪负，天下大乱。霍山由于地处三晋南北要道，关口险隘，散落其中，门户城郭，事关大局。据史载，元、明两军对垒，死伤者十之八九。元至正年间，大军过后，《水册》遗失。后明太祖朱元璋布衣起家，体恤民间疾苦。对此，霍山附近重置州县。“四社五村”慢慢复苏，并召开了第一次社首最高会议。会上，众社首相拥而泣，共诉劫后离别之苦，贡献兴旺发达之计。同时也明确了当务之急是必须寻找《水册》。可见，每一次大劫难，均有“四社五村”的老社首，以远见卓识和智慧思考，本着对历史负责、对先祖负责、对民众负责、对社会负责的态度，视手抄本为生命，往往妥善保管，静待时机，终究重回社会，重现“四社五村”。

据现保存完好的原清嘉庆十五年（1810）三月四社公议照旧合抄《水册》记载：“霍山之下，古有青条二峪各有源泉，流至峪口，交会一处。虽不能灌溉地亩，亦可全活人民。二邑四社因设龙君神祠，诸村轮流祭赛。自汉、晋、唐、宋以来，旧有水例。”《水册》还对“四社五村”的祭祀时间、祭祀用品、各设水日、交水时辰、违规处置等都做了规定。清明节是大祭的日子，这天，“四社五村”的全体人员吃完祭饭，由社首们带头敲锣打鼓列队前往龙王庙进行大祭。社首们再次沿渠路检查水利工程、交接账目、分沟分水，最后由主社首总结，各社按工程预算款交钱吃席看戏。如果遇旱年，这一天村民们还会到龙王庙里祭祀祈雨。

趋吉心理与禁忌民俗

趋吉辟邪是与信仰和禁忌相关的一种传统观念，是中国一项历史悠久的传统文化，它具有相当广泛的文化基础。在山西传统文化中，趋吉心理不仅再现了山西辉煌农耕文明的久远记忆，也是普通民众规范意识的生动体现。趋吉心理其形式丰富多样，涉及人们的生产、生活和生命等各个方面，反映了人们对成功、顺利、吉祥的期盼和追求。千百年来，人们在长期的生产、生活实践中观察、总结出许多择吉的方法，并认为吉祥有预兆，通过系列举措就可以逢凶化吉，使吉祥变为现实。

禁忌作为人类普遍具有的文化现象涉及生活的方方面面。从民俗角度看，危险和某种形式的惩戒是禁忌的两个忌讳对象，如果违反禁忌就会受到惩罚。在山西民间，人们称禁忌为忌讳，是被禁止或忌讳的言行，以此避免招致惩罚，亦是对某种神秘力量产生恐惧而采取的消极防范措施。与道德和法律不同，禁忌是建立在人们共同信仰基础之上的，是对神灵崇拜和巫术信仰基础上的民间信仰，有规范信仰行为的作用。在某种程度上，趋吉心理和禁忌民俗影响和制约着广大民众的交际活动，这种规约存在于民众生活的各个层面之中，并在此基础上形成了交际活动的种种规范和文化风俗。

传统礼教秩序的晴雨表：趋吉心理

自古以来，趋吉文化深入中国人世世代代的思想中，反映了广大民众的心理追求，体现着各自不同的民俗文化。山西地区民众的趋吉心理有着独特的地方特色，体现着山西曾经辉煌的农耕文明。

广大民众通常用“九龙治水”“九牛耕田”“春牛图”“黄道吉日”等推算该如何耕种和如何行事。过去的黄历，常常印

龙治水

着龙治水的图画。图画中的龙多，说明年景偏涝；龙少，说明年景偏旱。农户则在每年的正月初一到初十日查看“九龙治水”及“九龙耕田”。“几龙治水，几牛耕田，几人分饼，几日得辛”反映了人们在追求岁月丰稔中的择吉心理。这是根据干支纪日推算出来的。每年从正月初一到初十日，哪一日逢辰（龙），便是几龙治水；哪一日逢丑（牛），便是几牛耕田；哪一日逢辛，便是几日得辛；哪一日逢丙（饼），便是几饼；哪一日逢壬（人），便是几人分几饼，以此来预测这一年的丰歉情况。

而在中国人心中寓意着丰收的希望、幸福的憧憬以及风调雨顺的“春牛图”，也是由来已久。春牛图是中国民间最常见的吉祥图案，也是千百年来一直为人们喜闻乐见的绘画内容。

在山西垣曲，民间有“立春大如牛”的说法。在立春时人们要吃春饼、春菜以及举行祭春牛活动，以示祝贺。很早以前，在立春前一天，要选择一个年轻力壮的小伙子扮演“芒神”，并手执柳条，赶着用泥捏的土牛，农户们献以祭礼，表示迎春。之后人们就用“春牛图”代替“祭春牛”了。后来，历法家又根据历象推算，把当年的立春时间在春牛图上标示出来。再后来，人们又根据节气的推算，将春牛图着上不同的颜色，牛头的颜色按纪年的天干而定。此外，芒神的服饰、头髻的颜色和春牛的尺寸都有一定的要求。在古时的农业社会中，春牛芒神在人们心中有着重要的地位。春牛图是一种朴素的农业生产科学彩色挂图，用来了解春天来临的迟早，以便掌握生产季节的农事活动。

除农户常用的九龙治水、春牛图之外，山西民众普遍在人生的重大时刻和重要事情上要选择黄道吉日。这种择吉习俗的本质是寻找、确定用事活动的适宜空间点，以便充分地把握天时、地利、人和以及由此而成的适宜机遇。中国人自古有观天象测凶吉的理论观，黄道吉日正是这种理论的直接体现。

所谓黄道吉日，是中国传统历法“黄历”中的特有词汇，特指诸事皆宜的日子。黄历是用天干地支纪年月日时的传统历法，是在中国农历基础上产生出来的一种万年历。相传，黄历是由轩辕黄帝创制，故称为黄历。在民间又俗称为“通书”，但因通书的“书”字跟“输”字同音，因避忌故又称“通胜”。其主要内容是二十四节气，每天的宜忌、干支、值神、星宿、月相、生肖运程、吉神凶煞（黄道、黑道）。古人认为，吉日的选择并不是不顾年、月、时的吉凶，而要相互观览，综合选择。传统历法将“白虎、天刑、朱雀、天牢、玄武、勾陈”六辰视为凶神，认为犯之不吉；将“青龙、明堂、金匮、天德、玉堂、司命”视为六黄道，所谓“黄道吉日”就是指这六神所在的日子，这六神所值日的那一天就叫黄道吉日，诸事皆宜，不避凶忌，吉祥如意。同时还要结合用事者的生辰进行选择。

来自环境的生存智慧：居住禁忌

俗话说：“十里不同风，百里不同俗。”在长期的历史演变中，由于受传统风俗和宗族规矩的影响，山西民间在选屋建房问题上形成了各自不同的居住禁忌、规矩和讲究。但“坐北朝南”和“靠山面水”是山西民间遵循的一般建房原则。山西农村的住房分为窑洞式住宅和建筑式房舍两种。按照中国人的建房规矩，选地要顺应自然地势，坐北朝南，这是根据地理气候

和顺回黄村

晋中民居

环境，为了避风、向阳而设计的。靠山面水是一般的建房规则。忌讳房屋建在干燥无水处，或背阴潮湿的地方，同时也避免选择那些草木不生及正好流水的地方。凡是处在山谷冲射处、城门口、监狱门外、百川口的地方，绝不是建房的佳址。

第一，山西民间风水观念比较普遍，尤其对水特别讲究。无论贫富，盖房修院，一定要考虑水的走向与聚散。在山西某些缺水地区，屋顶除了庇护（遮阴保暖）之外，还有承接和疏导雨雪的功用。人们常常在院里放置一个大缸或挖一口井将雨水聚集起来。即使排到院外，也要让水道拐上几道弯，忌讳直接将水排出。

第二，山西是个多山少平原的地区，由于受人口数量和北方少数民族的影响，坐北朝南的规矩在某些山区也有变化。在山西北部山区及吕梁一带，主房的方向是依地形而建的，并不一定是坐北朝南的原则。如在灵丘，一般南北哪面的山高，哪一面就是主房的方向，其余则全是配房。这也是人们趋吉心理的一种反映，即崇高心理。而临县则讲究盖房子对山不对沟，即面山背沟，以示吉利。很多山区则忌讳房子前面有高山和深沟，认为这是恶魔挡道，对主人不利。

第三，在山西晋南某些地方，房屋建筑忌讳“靠空”。即

晋南民居汾西县师家沟

房屋背后如果靠山崖、窑、地坑、沟渠、水井等就会犯“空”。如果在房屋与被忌者之间横上一条路，就可以化“空”为实，消灾避祸。在平陆一带的很多村庄，村子里四个角上的房子往往略有变向，就是这种禁忌的结果，它反映了人们求“实”、求“稳”的心态。

“居不近市”，是山西民间主流价值观之经商习俗的一种曲折反映。但农民们也非常忌讳自家的院落前面空旷而无遮拦。在晋中一带，那些建在村边及外围的院落，为了避免院门直接对空野，人们往往将院门转个方向朝村里开，不朝村外开。如果不得已朝外开，人们通常在大门顶上放一瓶子，叫“风水瓶”，把瓶口朝向空旷的门外。据说这样可以把野外吹来的邪气盛在瓶子里，以保护宅里人的平安。

第四，一般而言，农村的院门忌冲河流、水井，恐被水射而生灾起祸。院门直对巷口也是不允许的，巷口是一支土箭，射向家中不祥。在晋南俗传：“街门不走西北门，西北高而东南低，面向西北走脉气。有钱不住东南房，冬不暖，夏不凉。”如果不能避，就要在院门口镶一面镜子，即所指的“八卦镜”“照妖镜”以破解，此种现象在晋南农村极为普遍。

第五，山西民居忌讳两户家门直接相对。院门若与邻家相对，忌正冲，也忌门小。俗以为两门相对，双方都不吉利，尤其是门小的更遭其害。所以，在农村两门相接相对的现象极为罕见，即使有相对者也是斜对，彼此错开。再者，一个院落一般以向东的院门为善，向西的称阴门，除非万不得已，一般不开西门，否则必须在门口安一个屏障，或在胡同口正对的墙壁上镶块石碑，上面刻“泰山石敢当”之类的字样，以避邪风鬼魅的骚扰。再次，院门直对家门和窗户也是需要回避的，如正对的门额、窗额要装镜子破解。此外，一般农舍院门之内也必有断壁墙以挡之。在吕梁一带，院门筑起来以后还要挂山桃木弓、柳木箭用以镇邪。

总之，上述关于建房建院的禁忌风俗，一方面与“开门卜凶吉”的俗信有关，另一方面则是由于“门为家防之用”，意皆在避凶趋吉。

蕴含情感和智慧的礼俗：日常生活禁忌

在山西民间，日常生活中的禁忌涉及生活的方方面面，包括礼仪禁忌、饮食禁忌、节日禁忌和生育禁忌等。可以说，日常生活中的禁忌除了表达人们“趋吉避害”的愿望外，也是规范人们行为、构建和谐文化的有效途径。

第一，日常生活礼仪。在山西很多地方讲究看望亲人、病人一般不在中午、下午前往，而在每日清晨或上午为最佳时刻，否则会觉得对人家不礼貌，大有不义之举。在雁北一些地方，老人病时忌送挂面，据说挂面代表年老久病、长期卧床不起。六十大寿时，送礼必有麻花，麻花在本区域内代表长寿健康。而在晋南则不同，送挂面往往是礼尚往来之必备礼物，面条、挂面代表长寿。

第二，饮食禁忌。如果人们有病史，白马、黄牛的肉是绝对不能吃的，其他大牲口的肉也要少吃，但不忌驴肉，大概同驴强壮结实有关。人们怕犯老病，母猪肉一般不吃，雁北一带也忌吃春天杀的羊，否则会旧病复发。猫、狗也不能随意宰杀，因为它们不仅通人性，而且人们认为“猫狗七条命”，打死或吃其肉等于损自己的阴德，会在阴间受罪或下辈子投胎为猫、狗。

第三，生育方面的禁忌。在农村，人们都希望生男孩子，故孕妇忌讳别人说会生女孩子，此时也忌讳送女孩穿用的东西。在阳高，孕妇怀孕期间不能拔汗发，据说如果这样，将来的孩子会出疹子。妇女怀孕的第三个月、七个月及九个月的月首，夫妻不能同房；也忌讳夫妻在娘家同房，晋南俗语道：“女婿上床，家败人亡。”不允许孕妇怀孕期间喝凉水及吃凉食品，忌吃兔肉，怕生破破嘴（兔唇）。怀孕三个月后的妇女不能洗澡，还忌讳孕妇在娘家生孩子。

在晋南，生了孩子第四、六天不准外人进产房，有四六之说。意即这两天有邪气，如果外人进房会带来邪气，小孩就会中邪抽风。同样，孕妇生产后一个月内不得进别人家，俗传此时带着血身子，会给大家带来邪气。与怀孕时一样，产妇也不能进新房，忌参加红白喜事。埋死人也不能看，且腰上要系一根红绳子，否则鬼缠身，对身体不好。

第四，节日禁忌。山西各地都有正月初一到十五忌打碎东西，忌说不吉利之话的习俗。晋中一带正月里不吃包子，因有“气包子”之说，表示受气、生气，不吉利。各地都有正月初一到初五不扫地、不泼水之忌，怕把财富倒出去，隰县一带是初一到十五把扫地之土都堆在家里，十五以后再倒掉。山西各地都有正月“初五不出门，初六不回家”的俗传，认为初五出门会带来“穷土”。隰县一带平常家里人出门后往往数天不扫地，忌扫地出门，否则会有不测之祸，不能平安回家。隰县也忌六月初六出门，据说这天是龙王磨刀之日，当天一般都要下雨，有“六月六，河水堆起羊骨头”的民谚，意即这天下雨连吃草的羊也会被淹死，当日一般不出远门，以防不测。

合两姓之好的婚姻禁忌

在民俗中，结婚是合两姓之好，乃人生中最重要的大事。婚姻的好坏对于当事人的人生是至关重要的，因此，婚姻的禁忌也颇多。

雁北传统婚俗：骡驮花轿

第一，在山西大部分地区，普遍流行女儿出嫁离娘家时不能带走娘家土的习俗，即女儿出嫁时，鞋底不能沾走娘家的泥土。民间谣谚有“土能生万物，地可产黄金”，女儿出嫁带走娘家土就意味着带走娘家种庄稼的好运气，这种习俗观念在广大农村根深蒂固，因而形成了山西民间婚嫁仪式中新娘脚不沾地的种种禁忌。

女儿出嫁时，要在炕上换新鞋，然后由哥哥或舅舅背着或抱着上花轿。在城市，新郎迎娶新娘后把新娘或背或抱上婚车，则是此种风俗的变通。男方娶回新媳妇也有一套对付的办法。即针对女方“不带娘家土”的习俗，流行一种“扫轿土”

的风习。婆婆待新媳下轿后，随即用笤帚在轿内象征性地扫三下，取土一把，放在新房内炕角席下，人们认为此举可将女方的运气扫来，对自家农事有利。城市中则流行在迎娶过程中悄悄取走女方几件家什，俗称“偷福气”，无论男方拿走何物，女方都不能讨还。女方往往早有准备，事先把珍爱、贵重之物藏起，并故意在显眼处摆上几件物品任由男方“偷取”。

第二，晋南闻喜通常是在结婚当日，男女双方在饮食中忌带荤，不准吃猪肉，据说两人吃荤便不能白头偕老，中途会夭折死亡。河津一带则与此相反，结婚当天必须杀猪，并以猪头祭祖宗，供奉于祖宗牌位前。同时还要用扫帚蘸着猪的热血在面向东方的墙上画几个“十”字，有辟邪之意。在晋中一带，新郎到岳父家迎娶新娘时，一定要“偷”一个茶杯，所谓“偷”，就是女方看见也不能说。茶杯一定要让新郎带上，且必须完整带回，不得破损。否则，对两人的婚姻有某种不祥的预兆。言外之意是说日后待新娘要像待这个茶杯一样，小心爱护，好好照顾。在汾阳，新郎不“偷”茶杯，而要“偷”两个水碗，当地俗语叫“ZhunZhun”，因为有“偷两个ZhunZhun，抱两个孙孙”之说，所以“偷碗”被赋予了抱孙子的含义。

新娘离开家时，过去要坐轿子，在雁北和吕梁的山区中，人们常常乘一种颇有特色的“骡驮轿”，坐轿子时一定要挂上弓、箭和镜子。现在这些习俗都已逐渐消失，但在很多地方，母亲还是要给女儿带上一面铜镜。据说铜镜是用来辟邪驱凶的。

第三，在山西很多地方，接新娘时最忌走自己已走过的路，以避走回头路之嫌，当然也不能走办丧事人走过的路。婚礼队伍也怕中途遇上狗打架、发疯的病人等，怕冲了“花套”与喜庆，是不吉利的征兆。结婚当天也忌讳谈论与死、病有关的事情，忌天气时晴时阴，人们总是把这些事情与婚姻的命运联系在一起。如果一个村子里有两家办喜事，人们都忌落在后面。因为再婚者在山西方言中称后婚，所以人们不愿意落个“后”字。而且也忌讳与其他结婚者相遇，偶尔相遇则要交换所带的鲜花或者手绢，这样才算吉利。

第四，结婚当天忌讳遇到丧葬队伍。晋南一带，对于村里同一时间举行婚事和丧事是要极力回避的。办喜事者尤为不悦。迎亲的队伍也忌途中遇上诸如十字路口、水井、碾子、石头等物，如果避犹不及，则需用红布盖住，或用白石灰画线圈住。

在吕梁汾阳一带，迎亲队伍如果在半路上与送葬队伍相遇，对于结婚者来说还是个好兆头，是吉利祥和的。也许在他们看来红白事都是喜事吧，人们并无此忌，双方互扔钢镚儿以示招呼。

新娘下轿后，有属相相克的人都要回避，以免对人对己不利。在五台县，厨师们还要把菜刀插入菜板底边，锁起厨房，全部回避。据说，厨师是新娘下车时相犯的主要对象，而菜刀更是不可示之于外的。此外，新娘在被接到婆家后，要在新娘嫂嫂的陪伴下更换所有衣物，换下来的衣物一般不穿回娘家，特别是鞋子，是绝对不能穿回娘家的，否则对娘家兄弟不利。这似乎是作为“嫁出去的女儿，泼出去的水”的注脚。

离婚女人，尤其是离婚的青年女子所受禁忌尤多。她们被视为某种不祥的尤物，充满着诱惑与不安，任何与异性的接触、多言、串门都是犯忌的。有些地方竟然不允许她们在娘家过年。认为在娘家过年，会像扫帚星一样给娘家人带来不利。因此，每逢过年，离婚女子便要四处寻找住处，过了正月十五才能回家。离婚女人即便是再婚，结婚当天也不能从娘家大门出去，须由墙头爬梯而过。这对再婚女子而言，无疑是被钉在了十字架上。

参考文献

丁世良、赵放主编：《中国地方志民俗资料汇编·华北卷》，书目文献出版社，1989 年。

杜学文主编：《山西历史文化读本》，山西教育出版社，2013 年。

晋旅主编：《山西故事》，山西人民出版社，2015 年。

李吉毅：《高平：人文始祖神农炎帝故里》，“山西新闻网”2019 年 5 月 8 日。

刘朝晖：《上庙的日子——寻访山西古庙会》，山西人民出版社，2016 年。

聂元龙：《山西民俗摭拾》，山西人民出版社，2012 年。

乔润令：《山西民俗与山西人》，中国城市出版社，1995 年。

任继愈主编：《中国道教史》，中国社会科学出版社，2001 年。

宋兆麟：《中国民间神像》，学苑出版社，1994 年。

詹鄞鑫：《神灵与祭祀——中国传统宗教综论》，江苏古籍出版社，1992 年。

周敬飞、胡安平主编：《中国地域文化通览·山西卷》，中华书局，2013 年。

后　记

山西表里河山，历史悠久，民俗文化资源丰富多样，地域特色十分明显。开展对山西民俗的研究，是我们在前期《山西文明史》研究基础上对山西文明研究的进一步细化与深入，这对于加强民俗文化资源的保护与利用，重塑山西精神，坚定文化自信，助推文旅融合，都具有积极意义。

《民俗山西》（共十册）于 2016 年 5 月立项并正式启动，由杨茂林担任学术指导及主编，董永刚具体负责组织实施，韩雪娇配合。该书在撰写上主要以社科院历史所人员为主，同时吸收了经济所、社会学所、语言所、原晋商研究中心、《五台山研究》编辑部等多位同志参与。由于该书内容庞杂、覆盖面广，为了尽可能做到材料详尽、史料准确，在编写过程中，项目组多次组织作者们分赴晋西北、晋南和晋东南等多地展开调研，并积极调动各方社会资源为书稿的编写提供线索和材料，有效地保证了项目的进度和质量。到 2019 年 10 月，全套初稿基本完成，但囿于撰写时间较短和作者专业不同的限制，书稿在写作风格、行文笔触、史料选取、图片使用及篇幅大小上存在明显不一，与最初设计有一定距离。为此，在杨茂林的统一指导下，我们又用了一年多时间，几经易稿，每一册书较前期都有大幅度的改动。直到 2021 年 9 月，整套丛书的修改和配图才基本完成并启动出版流程。难度不谓不大！

作为一套图文并茂的文化普及类图书，无论文字还是图片要求，与普通出版物有很大区别，尤其在图片的搜集和使用上，其困难超出我们的想象。为了得到好的图片资源，山西省考古研究院刘岩副院长、洪洞县文物旅游局刘慧副局长、黎城县民间文艺家协会李建华主席、商务印书馆薛亚娟女士、山西人民出版社席青女士等给予了我们很大支持。该丛书出版前夕，山西省书画院韩少辉院长欣然为本书题写了书名，在此，我们表示衷心感谢！同时也向在编写过程中给我们提供指导和提出建议的社会各界朋友表示诚挚的谢意！由于民俗图片要求特殊，本书在图片搜集过程中，也针对性地选取了几张源于图书和网络的图片，但未能与作者取得联系，为此，我们向作者表示歉意！必要情况下可以和出版社或本书作者取得联系。

编写此类图书是我们的第一次尝试，尽管我们付出了很多努力，但总难免有欠妥与谬误之处，恳请广大读者朋友及专家、学者提出宝贵意见和建议，以便改进我们的工作！

《民俗山西》编写组

2022 年 1 月